KB059194

대한민국에서 제일 쉬운
7일 완성 재무제표 읽기

대한민국에서 제일 쉬운

7일 완성
재무제표 읽기

윤정용 지음

회계 마스터 윤정용이 알려주는 재무 3 표 스피드 독해법

비즈니스북스

대한민국에서 제일 쉬운
7일 완성 재무제표 읽기

1판 1쇄 발행 2021년 7월 20일
1판 11쇄 발행 2024년 9월 2일

자은이 | 윤정용
발행인 | 홍영태
편집인 | 김미란
발행처 | (주)비즈니스북스
등 록 | 제2000-000225호(2000년 2월 28일)
주 소 | 03991 서울시 마포구 월드컵북로6길 3 이노베이스빌딩 7층
전 화 | (02)338-9449
팩 스 | (02)338-6543
대표메일 | bb@businessbooks.co.kr
홈페이지 | http://www.businessbooks.co.kr
블로그 | http://blog.naver.com/biz_books
페이스북 | thebizbooks
ISBN 979-11-6254-224-8 03320

비즈니스북스는 독자 여러분의 소중한 아이디어와 원고 투고를 기다리고 있습니다.
원고가 있으신 분은 ms1@businessbooks.co.kr로 간단한 개요와 취지, 연락처 등을 보내 주세요.

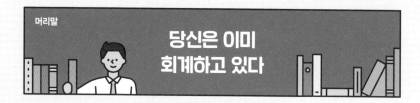

당신은 이미 회계하고 있다

직장인이라면 회계는 운명이다. 이렇게 말하면 '난 회계팀도 아닌데 회계가 운명이라니, 무슨 헛소리야?'라고 반박할 수 있다. 하지만 당신은 이미 회계하고 있다.

업무를 위해 사용한 교통비, 식비, 비품비 등 회사 경비를 어떻게 처리하고 있나? 품의부터 정산, 거래내역 입력까지 본인에 의해 발생한 거래는 본인이 책임지고 회계처리를 한다. 기업의 규모는 상관없다. 회계팀 또는 회계 시스템이 있고 없고의 차이지, 대부분 직접 처리한다. 이 단순한 업무도 회계를 아느냐 모르느냐에 따라 큰 차이가 생긴다. 거래에 해당하는 계정은 뭐고, 적격증빙은 뭐고, 회계처리가 어떻게 재무제표로 연결되는지 등 회계 지식이 없다면 일이 힘들어진다.

회계하는 사람은 회사의 비용으로 인정받을 수 있는 영수증을 받아 정확한 계정으로 회계처리를 한다. 회계하지 않는 사람은 거래처에서 던져준 영수증을 봐도 도통 뭔지 알 수 없다. 감으로 찍은 계정으로 회계처리를 했다 반려 당하기 일쑤다. 했던 일을 또 해야 하니 시간 낭비다. 나도 회사도 손해다.

회계를 몰라도 일은 할 수 있다

　물론 이런 단순한 회계 업무는 하다 보면 익숙해진다. 난 회계의 뜻도 모른 채 재무팀에 배치됐다. 회계결산 업무를 하다 실수한 나머지 창고로 끌려가 혼난 적도 있다. 시간이 지나면서 실수를 덜 하게 되고 자연스럽게 업무가 익숙해졌다.《재무제표 모르면 주식투자 절대로 하지마라》저자인 사경인 회계사는 이런 상황을 '운전'에 비유한다. 인용해서 설명하자면 자동차 계기판을 볼 줄 몰라도 운전은 할 수 있다. 내비게이션만 보면 잘 간다. 하지만 계기판을 아예 볼 줄 모르면 차의 엔진, 속도, 기름 상태를 알 수 없다. 어떤 운전자는 계기판에 뜬 엔진 경고등 사진을 보여주며 이게 뭐냐고 네이버 지식인에 묻는다더라.

　계기판에 뜬 경고등을 모르면 엔진이 괜찮은지 기름은 충분한지 몰라 주유소나 정비소에 수시로 들려야 한다. 현재 속도를 모르면 앞차 꽁무니 쫓아가기 바쁘다. 내가 택시를 탔는데 운전 기사님이 계기판을 볼 줄 모른다면 이 택시를 타고 싶을까?

　회계가 바로 계기판이다. 회계하면 회사의 상태를 파악하며 일할 수 있다. 회계 교육을 요청하는 교육담당자가 항상 하는 말이 있다.

　"우리 임직원들이 회사의 상태를 정확히 알고 일하면 좋겠습니다."

　회사는 직원들이 회사의 상태를 잘 알고 일하길 원한다. 현금흐름이 좋지 않은 회사가 무리한 이벤트를 할 순 없다. 재고를 처분하거나 매출 채권을 회수하기 바쁘기 때문이다. 이 와중에 신제품을 기획하거나 주 거래처라고 외상지급기간을 늘려주자는 직원이 있다면 어떨까? 제품의 이익률을 잘 알지 못하고 주문을 수락한다면? 손해 보는 주문일 수 있다. 그래서 회사는 회계하는 사람에게 운전대를 맡기고 싶어 한다. 회계를 모르고 승진할 수 없는 이유다. 물론 승진하면 할수록 계기판은 더욱 복잡해지지만.

회계하는 순간 일이 비즈니스가 된다

회계하면 뭐가 달라질까? 내 강의를 들은 수강생들에게 물었다. 한 직장인이 이렇게 말했다.

"회계하기 전에는 이전에 해왔던 일 중심으로 정해진 영역에서 업무를 했어요. 그런데 회계를 하면 할수록 내 업무 범위를 넓힐 수 있게 되었어요. 업무 시야가 비즈니스 관점으로 넓어진 덕분이죠. 정해진 영역의 내 일만 하는 데서 벗어나 회사의 이익에 기여하는 좋은 성과를 내기 위해 노력해야겠단 생각이 들었어요. 장기적인 관점에선 나 스스로 커리어를 높이기 위해 더 회계하고 싶은 욕구가 생겼지요."

일이 비즈니스가 되는 순간이다. 단순히 내 시간을 제공해 월급을 받는 직장인에서 이익을 창출하는 기업가로 변모했다. 업무 시야가 넓어졌다는 말에서 일개미와 꿀벌이 생각났다. 일개미는 눈앞에 있는 먹이만 보지만, 꿀벌은 하늘에서 벌집과 주변 환경 전체를 내려다본다. 어디에 꿀이 많은지, 어디에 위험한 적이 있는지 파악할 수 있다.

스포츠 경기를 보면 감독은 경기를 뛰지 않는다. 시합에서 승리하기 위해 경기 전체의 흐름을 읽고 전략을 세우고 지시한다. 경영자는 회계

정보를 통해 회사의 실태를 파악하고 생존과 성장을 위해 수많은 경영 판단을 내린다. 회계하면 내 업무의 결과가 회사의 수익성과 어떻게 연결되는지, 회사의 매출 대비 내 월급의 가치가 어느 수준인지, 회사의 이익에 기여할 수 있는 일은 무엇인지 고민하며 일할 수 있다.

자연스레 회사 경영 전반에 대한 보다 깊은 시각을 갖게 된다. 마치 회사를 경영하듯 말이다. 승진을 위한 하이패스를 단 셈이다.

직장인은 언젠가 정리된다

솔직해지자. 직장인은 언젠가 정리된다. 결국 자기 사업을 해야 할 때가 온다. 퇴사 후 자기 사업을 하는 사장님들에게 물어보면 다들 이렇게 말한다.

"직원일 때는 월급만 받으면 됐는데, 사장이 되니 한 사람의 월급을 주기 위해 얼마를 더 팔아야 하는지 계산기를 수없이 두드려요. 은행에서 돈도 빌려야 하죠. 하나부터 열까지 모든 게 돈 문제예요. 말도 못 할 정도로 힘이 듭니다."

'직장인일 때가 좋다'라는 말을 하려는 게 아니다. 자기 사업을 할 때 직원처럼 일한다면 절대 생존할 수 없다. 사업의 실태를 숫자로 정확히 파악하고 관리해야 생존하고 성장할 수 있다. 회계는 경영능력의 기본이다. 직장인일 때 회계하면 고정수입을 얻으며 경영능력을 터득할 수 있다. 월급을 받으며 경영능력을 배울 수 있는 좋은 기회다.

투자의 신 워런 버핏도 회계한다

우리가 직장을 다니는 이유는 돈을 벌기 위해서다. 하지만 과연 월급으로 충분한가? 누구나 부러워하는 억대 연봉이라도 그만큼 노동력을 바쳐야 한다. 피 땀 눈물 흘려 번 소중한 월급을 은행에만 고이 모아두면 어떨까? 지금 1억 원과 10년 후 1억 원의 가치는 다르다. 화폐가치는 점점 떨어지고 있다. 월급으로 재테크를 해야 내 소중한 돈을 가치 있게 불릴 수 있다. 회계를 알면 돈을 불리는 방법이 보인다. 수많은 재테크 책에서 말하는 원리는 결국 회계 원리에서 시작한다.

'주식투자하면 패가망신한다.' 예전에는 그랬다. 하지만 지금은 아니다. 누구나 주식투자에 관심을 갖고 공부하는 분위기로 바뀌었다. 워런 버핏의 책을 보면 온통 회계다. 회계를 모르면 스스로 투자할 주식을 고를 수 없다고 그는 말한다. 사경인 회계사가 쓴 《재무제표 모르면 절대 주식투자 하지 마라》라는 책도 있지 않은가.

회계는 돈을 모으는 기술이다. 회계하면 관심 있는 기업의 주식가격이 비싼지 싼지 재무제표를 보고 판단할 수 있다. 겉으로만 번지르르하고 속은 곪아 터진 기업을 피할 수 있다. 쉽게 말해 똥인지 된장인지 구분할 수 있다. 회계하면 워런 버핏처럼 투자자의 관점에서 좋은 회사, 우량 회사, 성장하는 회사를 찾을 수 있다. 회계하면 경영자의 관점에서 일을 하므로 커리어 개발과 승진 하이패스의 길이 열린다. 회계하면 투자자의 관점에서 내 소중한 돈을 불릴 수 있는 시스템을 만들 수 있다. 그런데 문제가 있다.

회계 공부, 왜 쉽게 포기할까?

'직장인이여 회계하라!'를 부르짖으며 회계 입문서를 출간한 지 4년이 흘렀다. 기업에서, 기관에서, 유튜브에서 회계를 배우고 싶어 하는 수많은 직장인과 만났다. 그런데 다들 하는 말이 있다. 회계가 중요한 건 알겠는데 막상 회계 책을 읽거나 수업을 들으면 포기 모드에 빠진다는 것이다. (살짝 자랑하자면 다행히 내 책을 읽거나 강의를 들은 직장인들은 오히려 회계 공부에 불이 붙었다.) 이유가 뭘까? 곰곰이 생각해봤다.

첫 번째, 회계 공부를 수학 공부하듯 한다

회계는 비즈니스 언어다. 언어 공부를 함수나 복잡한 이차 방정식 계산하듯 하면 될까? 언어 공부는 많이 읽고 많이 표현하고 직접 말해야 실력이 향상된다. 외국어 배울 때를 생각해보자. 상황을 이해하고 상황에 필요한 대화를 읽고 외운다. 실제 그런 상황에 처했을 때 써먹어야 비로소 내 것이 된다. 회계는 말하고 표현하고 떠들며 배워야 한다. 그런데 수학 공부하듯 하니 쉽게 포기할 수밖에.

두 번째, 읽기만 하고 써먹지 않는다

아는 것과 실행하는 것은 하늘과 땅 차이다. 마찬가지로 읽는 것과 써먹는 것은 서울과 부에노스아이레스 차이다. 재무제표를 읽기만 하고 내 업무와 연결해 써먹지 못하는 회계 입문서가 참 많다. 재무제표를 읽는 건 정말 중요하다. 그런데 읽기에만 그치면 아무 소용없다.

내가 하는 업무와 연결해서 써먹을 수 있어야 한다. 예를 들어 영업하는 사람이라면 계약 전에 고객사의 재무제표를 읽고 분석해서 부실기업과 우량기업을 선별해야 한다. 아무리 많은 계약을 따내도 고객사가 돈을 못 주고 망해버리면 회사에 큰 손실이다. 마케팅 담당자라면 어떨까? 마케팅의 경우 영업처럼 직접적으로 매출을 일으키지는 않는다. 대신 회사의 재무 상태를 고려해 최소의 비용으로 최대의 효과를 내는 마케팅 전략을 수립해야 한다. 생산 현장에서 일하는 관리자라면? 제조원가에 영향을 미치는 제조 프로세스를 살피고 생산 효율성을 높여 원가 절감으로 회사의 이익에 기여해야 한다.

회계는 언어라고 하지 않았나? 언어는 자꾸 써먹어야 자연스러워지고 내 것이 된다. 회계도 마찬가지다. 읽고 써먹어야 한다. 생각을 정리하다가 문득 아이디어가 떠올랐다.

친구와 수다 떨 듯 회계를 배우면 어떨까?
출근길에 읽고 점심때 써먹으면 어떨까?

두 가지 고민을 갖고《대한민국에서 제일 쉬운 7일 완성 재무제표 읽기》를 집필했다. 바쁘지만 회계하고 싶은 직장인에게 투입 시간 대비 효율성을 높일 수 있는 회계 입문서다. 하루에 한 장씩 가볍게 읽을 수 있다. 필수 회계어부터 흔히 '재무3표'라 불리는 재무상태표, 손익계산서, 현금흐름표, 거기에 주린이를 위한 재무제표 활용법까지 7일 만에 마스터할 수 있게 핵심만 골라냈다. 또 영어 회화를 배우듯 가볍게 써먹을 수 있는 방법을 제공한다. 퇴근길 가볍게 수행할 수 있는 미션으로 회계 언어를 내 것으로 만들 수 있다.

《대한민국에서 제일 쉬운 7일 완성 재무제표 읽기》활용법

❶ '핵심 요약'의 알맞은 내용을 화살표로 연결한 후, 출근길에 '오늘의 회계어'를 하나씩 외운다.

❷ 점심시간에 '회계 회화'를 동료에게 써먹는다.

❸ 퇴근길에 스마트폰으로 '액션 플랜' 미션을 수행한다.

읽고 써먹고 수행하면 동료들은 당신을 회계어를 구사하는 '회계 네이티브'로 생각할 것이다. 그러면 몸값이 오른다. '나는 회계한다, 고로 승진한다'라는 말이 있지 않은가.

이 책으로 당신이 쉽고 재미있게 회계했으면 좋겠다. 재무제표를 술술 따라 읽게 되길 바란다. 그러기 위해 '다트'라 불리는 금융감독원의 전자공시시스템 사이트에 접속해 재무제표를 찾는 방법부터 차근차근 소개했다. 2021년 6월부터 새롭게 개편된 '뉴다트' 화면을 책으로 옮겨와 누구든 클릭만 할 줄 알면 따라할 수 있도록 구성했다. 당신에게 이 책이 '회계가 재미있는 거구나, 써먹을 게 참 많구나, 더 공부하고 싶다!' 이런 욕구를 일으키는 책이 되길 바란다.

머리말 당신은 이미 회계하고 있다   5

필수 회계어로 기초 개념 다지기
복잡한 이론 없이 단어 딱 6개로 개념 정리 끝!

들어가기 나는 왜 회계하는가	18
01 회계가 뭔지부터 알고 갑시다	20
02 재무제표가 한눈에 보이는 마스터키, 회계등식	25
03 전자공시시스템은 회계 왕초보를 위한 보물창고	34
04 기업의 모든 비밀은 재무제표에 담겨 있다	46
05 연결재무제표와 별도재무제표	57

재무상태표 읽기 I : 자산
기업의 기초체력인 '자산'에 대해 알아보자

들어가기 재무상태표 '자산' 이해하기	64
01 이 회사 망할까, 안 망할까? 궁금할 땐 유동자산	68
02 이 회사 뭘 파는 거야? 모르겠으면 재고자산	77
03 팔았으면 돈을 받아야지! 매출채권	85
04 투자자산은 회사의 투자수익	92

05 눈에 보이고 손에 잡히는 유형자산　103
06 안 보여도 열일하는 무형자산　110

DAY 3 재무상태표 읽기 Ⅱ : 부채와 자본
네 돈이 '부채'면 내 돈은 '자본'이야

들어가기1　재무상태표 '부채' 이해하기　118
01 선수금은 미리 받는 좋은 부채　120
02 외상으로 사 왔으면 매입채무를 해야지　128
03 대출의 다른 이름, 차입금　135
들어가기2　재무상태표 '자본' 이해하기　144
04 든든한 내 돈, 자본금　146
05 이익잉여금은 사업을 잘했다는 증거　151

DAY 4 손익계산서 읽기 : 수익과 비용
기업이 얼마를 벌고 얼마를 썼나 따져보자

들어가기　손익계산서는 어떻게 생겼나　160
01 마진의 진짜 이름은 매출총이익　162
02 판매비와 관리비는 팔기 위해 쓰는 돈　170
03 재테크로 버는 돈, 영업외수익　177
04 이자보상배율은 이자 상환능력을 보는 척도　185
05 회사가 최종적으로 손에 쥐는 몫, 당기순이익　192
06 기업의 미래를 예측하는 키워드, 성장성과 수익성　201

현금흐름표 읽기 : 현금과 현금흐름

DAY
5

회사의 미래 재정 능력이 보이는 현금흐름

들어가기 현금흐름표는 어떻게 생겼나 210

01 현금흐름표를 보면 돈의 흐름이 보입니다 214

02 현금흐름 패턴 분석 완전 정복 226

03 내 마음대로 할 수 있는 돈, 잉여현금흐름 235

주린이를 위한 재무제표 100% 활용법

DAY
6

워런 버핏처럼 잃지 않는 투자를 하는 방법

들어가기 주린이를 위한 필수 용어 읽기 242

01 주식투자 시 필수 점검 1순위, 감사의견 244

02 버핏 형이 그토록 강조한 주주의 투자자이익률, ROE 255

03 기업가치 평가의 비밀병기, PER과 PBR 263

04 재무비율로 기업을 완벽하게 독파하라 273

05 분식회계를 모르면 주식이 휴지 조각 될 수 있다 282

특별부록 예비 투자자를 위한 주식투자 시작 가이드 290

실전! 재무3표 스피드 독해법

DAY
7

재무3표가 술술, 당신도 이제 회계티브

당신도 이제 회계티브다 294

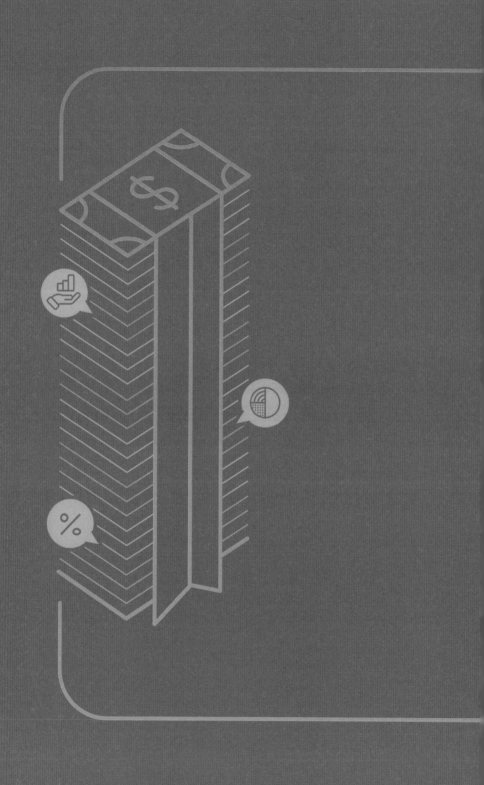

필수 회계어로
기초 개념 다지기

복잡한 이론 없이 단어 딱 6개로 개념 정리 끝!

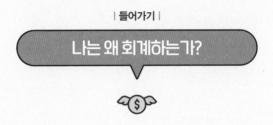

나는 왜 회계하는가?

이 책을 산 당신에게 "왜 회계하는가? 왜 재무제표를 읽으려 하는가?"물으면 당황스러울 것이다. 하지만 이 질문에 답하면 좋겠다. 어떤 일을 끝까지 해낼 수 있는 힘은 '무엇'이 아니라 '왜'에서 나오기 때문이다.

예를 들어보자. 우물을 파는 두 사람이 있다. 한 사람은 그냥 파라고 해서 판다. 남들이 파니까 나도 필요할 것 같아 판다. 다른 사람은 목마른 가족이 있다. 사랑하는 가족의 목마름을 해결하기 위해 우물을 판다. 두 사람 중 누가 우물을 제대로 팔 수 있을까? 당연히 후자다. 극단적인 예를 들었지만, 내가 하고 싶은 말은 당신의 공부에도 당신만의 '왜'가 있으면 좋겠다는 것이다.

나는 회계 책을 쓰고 회계 강의를 하고, 회계 유튜브를 한다. 왜 할까? 시작은 가족의 생계를 책임지기 위해서였다. 회계를 누구보다 쉽게 가르칠 수 있다는 자신감도 있었다. 지금은 '왜'가 달라졌다. 누구나 회계를 했으면 좋겠다. 회계는 라이프 스킬, 즉 인생을 살면서 꼭 필요한 기술이기 때문이다.

'왜 회계하는가?'에 답하고 싶다면 회계를 통해 얻고 싶은 것을 생각하면 쉽다. 당신은 회계함으로써 무엇을 얻고 싶은가? 당신의 고민에 도움이 되길 바라는 마음으로 회계해서 얻을 수 있는 장점들을 적어봤다. 이 중 마음에 드는 것을 3가지 이상 골라보자. 그리고 '나는 왜 회계하는가?'에 답해보자.

☐ 내 업무의 내용과 성과를 관리하며 업무 주도권을 가질 수 있다.

☐ 회사의 이익에 기여해 승진할 수 있다.

☐ 회사의 재무제표를 관리할 수 있다.

☐ 재무제표 숫자의 의미를 이해하고 회사의 실태를 파악할 수 있다.

☐ 재무 상태의 이상 신호를 감지해 리스크 관리를 할 수 있다.

☐ 회사에 필요한 자금을 낮은 비용으로 조달할 수 있다.

☐ 수익성과 성장성을 키워 회사를 유니콘 기업으로 성장시킬 수 있다.

☐ 좋은 기업에 취업 또는 이직할 수 있다.

☐ 예상 손익을 미리 계산해 창업 여부를 결정할 수 있다.

☐ 사업의 실태를 숫자로 파악하고 관리할 수 있다.

☐ 생존을 위한 최소한의 이익을 설계할 수 있다.

☐ 사업에 대한 판단력을 높일 수 있다.

☐ 주식 등 투자 인사이트가 생긴다.

☐ 워런 버핏처럼 돈을 잃지 않는 방어적 투자를 할 수 있다.

☐ 투자수익률을 안정적으로 높여 부자가 될 수 있다.

☐ 좋은 기업을 선별하고 좋은 가격에 투자해 수익률을 높일 수 있다.

☐ 재무 상태가 부실한 기업을 선별하는 안목이 생긴다.

☐ 재무제표를 보며 내가 투자할 회사와 경쟁사의 가치를 평가할 수 있다.

　

회계하는 '왜'를 찾았는가? '왜'에 대한 내용을 포스트잇에 하나하나 적어보자. 그런 다음 눈에 잘 띄는 곳에 붙이면 더욱 좋다. 회계하면서 지칠 때 '왜'를 보며 초심을 되찾을 수 있으니까. 기록의 힘은 생각보다 강력하다.

회계가 뭔지부터
알고 갑시다

회계(Accounting)
'회사 돈'에 관한 정보

'회계' 하면 무엇이 떠오르는가? 숫자로 가득한 표? 아니면 복잡한 엑셀 함수나 어려운 ERP 시스템? 나는 회와 계란이 떠오른다. 내 인생에 없어서는 안 될 중요하고 필수적인 음식 두 가지! 이게 도대체 무슨 소린가 싶겠지만, 그만큼 회계는 필수라는 것이다. 그리고 회계를 '막연히 어려운 것'이라고 생각하지 않아도 된다는 말이다.

다시 본론으로 돌아와, 회계란 무엇일까? 단순하게 생각하자. 회계 없는 회사는 없다. 아니 이 표현으론 부족하다. 회계 없인 회사가 존재할 수조차 없다. 그만큼 회계는 회사의 가장 기본 언어이자 생존 체계다.

지금 네이버에서 회계를 검색해보자.

두산백과

회계

[accounting ◂ , 會計]

요약 특정의 경제적 실체(economic entity)에 관하여 이해관계를 가진 사람들에게 합리적인 경제적 의사결정을 하는 데 유용한 재무적 정보(financial information)를 제공하기 위한 일련의 과정 또는 체계.

'합리적인 경제적 의사결정을 하는 데 유용한 재무적 정보.' 이것이 '회계란 무엇일까?'라는 질문의 핵심이자 키포인트다. 회계의 본질은 정보다. 한마디로 회계는 **회사 돈에 대한 정보**다. 이 정보를 보면 회사가 돈을 얼마나 벌었는지, 얼마를 썼는지, 얼마가 남았는지 등 재무 상태와 실적을 모두 알 수 있다. '회계를 알면 회사를 안다'고 하는 이유도 이 때문이다. 쉽게 말해 '회계한다'는 건 돈의 정보를 읽는다는 의미다. 돈의 정보를 부르는 말은 정말 많지만, 그중 가장 대표적인 이름이 '재무제표'다. 자세한 내용은 뒤에서 다루겠다. 지금은 개념만 이해하고 넘어가자.

그렇다면 회사의 돈과 관련된 정보는 누가 볼까? 투자자, 은행, 경영자, 국세청이 본다. 투자자는 회계 정보를 보고 회사에 투자할지 말지를 결정한다. 은행은 이 회사에 돈을 빌려줄지 말지 결정하고, 경영자는 회사의 생존과 성장을 위한 판단을 내리며, 국세청은 세금을 추징한다. 이처럼 회계 정보를 이용하는 사람은 각자 목적을 갖고 있다.

회계 삼총사 :
재무회계, 세무회계, 관리회계

회계 정보를 누가 이용하느냐에 따라 회계의 종류가 달라진다. 재무회계, 세무회계 그리고 관리회계까지 총 세 가지다.

주주, 은행, 거래처 (외부자)　　이용　　→　　재무회계

먼저 주주, 은행 같은 채권자, 거래처 등이 이용하는 회계 정보가 **재무회계**다. 이들의 공통점은 회사 내부에 있는 사람들이 아니라 외부자라는 것이다. 즉, '외부 사람들이 회계 정보를 이용하면 재무회계'라고 이해하면 쉽다. 재무회계는 누구나 와서 먹을 수 있는 뷔페와 같다. 누구나 맘대로 이용하기 때문에 상법, 자본시장법, 외부감사법 등 강력한 법의 통제를 받는다. 회사 마음대로 정보를 만들었다가 생길 수 있는 피해나 불상사를 미리 막기 위해서다.

국세청　　이용　　→　　세무회계

'죽음과 세금은 피할 수 없다'라는 말이 있다. 회사 역시 세금을 피할 순 없다. 국세청은 회사에 세금을 추징하기 위해 회계 정보를 참고한다. 이때 사용하는 정보가 바로 **세무회계**다. 국세청 역시 회사 입장에선 외

부자라 세무회계는 세법에 의해 통제를 받는다.

재무회계와 세무회계는 회사의 외부자가 이용하기 때문에 법에 의해 엄격한 통제를 받는다는 공통점이 있다. 또 정보를 만드는 양식이 정해져 있어 정보를 비교하는 것이 수월하다.

경영자, 관리자, 담당자
(내부자)
이용
관리회계

내부자가 이용하는 회계 정보는 뭘까? 바로 **관리회계**다. 관리회계는 회사의 경영자와 관리자 등이 이용한다. 대표적인 정보로 원가 정보가 있는데, 기업의 수익성이 달린 문제라 함부로 외부에 보여줘선 안 된다. 원가를 기반으로 가격과 이익을 결정하므로 기업 입장에선 특급 비밀에 속한다.

관리회계는 재무회계, 세무회계와 달리 통제하는 법이 없다. 대표 맘대로다. 그래서 대표가 바뀌면 회계팀과 관리팀의 골치가 아파진다. 또 회사마다 정보 양식이 다르다. 회사마다 보고서 양식이 다른 것처럼 경영진의 요구사항에 맞춰 작성하면 된다. 내부 관계자를 위한 자료이므로 특별히 정해진 양식이나 규격이 없다.

회계	•	회사의 경영자, 관리자 등 내부자가 이용하는 회계 정보
재무회계	•	국세청이 회사에 세금을 추징하기 위해 이용하는 회계 정보
세무회계	•	주주, 은행 같은 채권자, 거래처 등 외부자가 이용하는 회계 정보
관리회계	•	합리적인 경제적 의사결정을 하는 데 유용한 재무적 정보

회계 회화

영수 : 나는 왜 이렇게 돈이 안 모이지?
영희 : 너… 회계했니?

사장 : 은행에 대출받으러 갔더니 재무제표를 제출하라더군.
영수 : 재무회계 하셔야겠어요.

영수 : 이번에 소득세 신고해야 하는데….
영희 : 세무회계 해야겠네.

영수 : 사장이 바뀌어서 골치 아파.
영희 : 관리회계 때문에 골치 아프겠구나!

액션 플랜

★ ★ ★ ★ ★

검색창에 회계를 검색한 후 관련 내용을 쭉 읽어보자!

재무제표가 한눈에 보이는 마스터키, 회계등식

회계등식(Accounting Equation)
자산, 부채, 자본의 관계를 공식으로 정리한 등식

'역시 회계는 나에겐 무리야.'

딱 세 장 넘겨보고 책을 덮으려는 그대에게 좋은 소식을 하나 전할까 한다. 지금부터 배울 '회계등식'이 회계의 전부다. 이 단어만 알면 회계의 절반을 아는 거나 다름없다. 허나 나쁜 소식도 있다. 이 회계등식을 '완벽히' 이해해야 한다는 사실이다.

'네 마음이 다 보이느니라~ 옴마니 밤미옴.' 눈은 하나 없지만 사람의 마음을 꿰뚫어 봤던 궁예(드라마 〈태조왕건〉 등장인물)처럼 회계등식을 알면 회계를 꿰뚫어 볼 수 있다.

'정말 그럴까?' 의구심이 들겠지만, 회계등식만 이해해도 사업의 구조가 보인다. 바꿔 말하면 회계등식을 모르면 재무제표를 이해할 수 없다. 회계등식으로 재무제표가 만들어지기 때문이다. 대부분의 회계 책이 차변, 대변, 분개, 복식부기 등의 어려운 용어로 기를 죽여 회계 공부를 포기하게 만든다. 재무팀이 아니라면 굳이 알 필요 없는 단어다. 하지만 회계등식만큼은 반드시 알아야 한다.

우리가 화장품 사업을 한다고 가정해보자. 그때 가장 먼저 필요한 건 뭘까? "화장품!" 이렇게 답할 사람이 많을 것이다. 하지만 화장품은 하늘에서 뚝 떨어지지 않는다. 재료를 사 와 직접 화장품을 만들든, 이미 만들어놓은 화장품을 사 오든 해야 한다. 그러려면 돈이 필요하다. 그 돈을 회계에서는 부채와 자본이라고 한다.

쉽게 말해 **부채**는 남의 돈, **자본**은 내 돈이다. 내 돈으로 화장품을 살 수 있다면 좋겠지만, 내 돈이 부족하면 남의 돈을 빌려야 한다. 은행에서 돈을 빌리거나 카드의 힘을 빌려서 말이다. 이제 부채와 자본으로 사업에 필요한 화장품을 만들거나 산다. 이렇게 마련한 화장품을 **자산**이라고 한다.

자산인 화장품을 팔면 돈을 버는데, 이때 번 돈이 **수익**이다. 흔히 **매출**이라고도 부른다. 화장품이 그냥 만들어지고 그냥 팔리면 좋겠지만,

절대 그럴 리 없다. 화장품을 만들고 홍보하려면 돈이 든다. 세금도 내야한다. 이렇게 쓴 돈을 **비용**이라 한다.

수익(번 돈)에서 비용(쓴 돈)을 빼면 돈이 남았는지 아니면 까먹었는지 알 수 있다. 수익(번 돈)이 비용(쓴 돈)보다 많으면 **흑자**, 회계에선 **이익**(남은 돈)으로 표현한다. 수익(번 돈)이 비용(쓴 돈)보다 적으면 **적자**, 회계에선 **손실**(까먹은 돈)로 표현한다.

이렇게 사업에 반드시 필요한 개념과 구조를 공식으로 정리한 것이 바로 **회계등식**이다.

$$자산 = 부채 + \{자본 + 수익 - 비용 - 배당\}$$

갑자기 공식이 나오니 없던 두통이 생기는가? 그 마음 충분히 이해한다. 그러나 겁먹지 마라. 회계등식만 이해해도 회계의 절반이 끝난다 하지 않았는가. 시작하자마자 벌써 반이나 왔다. 이렇게 생각하면 두통이 사라질 것이다.

처음에 영어 배울 때를 생각해보자. 뭐부터 배웠는지 기억나는가? 5형식이다. 아무리 길고 어려운 문장도 결국 5형식에 포함된다. 5형식을 이해하면 영어로 말하기, 쓰기, 듣기가 쉬워진다. 회계등식도 마찬가지다. 회계등식을 이해하면 회계어를 자유자재로 쓸 수 있다.

회계는 결국 회사의 돈에 대한 정보를 모아놓은 표, 즉 재무제표를 만드는 것이다. 그리고 회계등식을 제대로 이해해 머릿속에 콕 넣어두면 재무제표를 술술 읽을 수 있다. 왜냐고? 회계등식을 자세히 들여다 보면 재무제표 종류들로 이루어져 있기 때문이다.

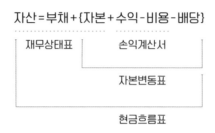

- [자산=부채+자본]은 재무상태표
- [수익−비용]은 손익계산서
- [자본+수익−비용−배당]은 자본변동표
- 전체에서 흐르고 있는 현금은 현금흐름표

따라서 이 등식만 제대로 이해하면 궁예처럼 재무제표가 훤히 보일 것이다. 자, 이제 재무상태표 회계등식인 [자산=부채+자본]부터 천천히 알아보자.

재무상태표를 이해하기 위한 회계등식

자산은 회사에 돈을 벌어다 준다. 자산을 보면 회사가 무엇으로 돈을 버는지 알 수 있다. 삼성전자를 예로 들어보겠다. 삼성전자에서 반도체를 만드는 공장은 유형자산, 만들어진 반도체는 재고자산이다. 만드는 기술은 무형자산에 속한다. 제조업의 경우 공장 같은 유형자산이 많고, IT 회사나 제약·바이오 회사는 유형자산보다 산업재산권이나 개발비 같은 무형자산이 많다.

자산을 이해하면 부채와 자본을 이해하는 건 식은 죽 먹기다.

내 돈
- 자본금(납입, 주식상장)
- 투자금
- 사업 잘 해서 남은 돈

돈을 벌어다 줌

$$자산 = 부채 + 자본$$

언젠가 갚을 돈
- 이행할 의무
- 외상
- 대출

부채와 자본의 합이 자산이다. 돈을 벌어다 주는 자산을 어떤 돈으로 샀는지 확인하려면 부채와 자본의 크기를 살펴보면 된다. 부채(남의 돈)가 많은지, 자본(내 돈)이 많은지 따져 보면 쉽게 알 수 있다. 부채는 언젠가 갚아야 할 돈이므로 많으면 이자 비용이 부담된다. 반대로 자본이 많으면 걱정이 없다.

회사는 주식상장으로 주식시장에서 자금을 조달한다. 이 돈을 부채라고 생각하는 사람이 많은데, 이 돈은 회사의 자본으로 들어간다. 이때 자본은 회사의 주식을 산 주주의 돈이다. 주식에 투자하면 기업의 주인이 된다는 말이 바로 이 때문이다.

손익계산서를 이해하기 위한 회계등식

———

손익계산서를 이해할 차례다. 손익계산서 회계등식은 [**수익 - 비용**]이다. 수익은 회사가 번 돈이다. 삼성전자는 반도체를 팔고, 스마트폰을 팔고, 가전을 팔아서 돈을 번다. 이처럼 영업활동을 통해 벌어들이는 수익을 **영업수익**이라 하고, 흔히 **매출**이라 부른다. 그런데 삼성전자는 제품만 파는 게 아니다. 우리처럼 재테크도 한다. 재테크는 삼성전자의 영업활동이 아니므로 재테크로 번 돈은 **영업외수익**이라 한다. 수익에는 영업수익만 있는 게 아니라 영업외수익도 있다는 사실을 꼭 기억하자.

손익계산서를 보면 회사의 영업수익과 영업외수익을 구분한다. 참고로 제조기업은 영업수익을 매출액으로 표현하고, IT 기업이나 서비스 기업은 영업수익으로 표현한다.

회사 입장에선 돈을 벌기만 하면 좋을 텐데, 돈을 벌려면 돈을 써야 한다. 돈을 벌기 위해 쓴 돈을 비용이라 한다. 비용 역시 영업할 때 쓴 돈은 **영업비용**, 영업이 아닌 곳에 쓴 돈은 **영업외비용**으로 나눈다. 이렇게

돈 벌기 위해 쓴 것
(영업비용, 영업외비용)
......
수익 - 비용
......
돈 번 것
(영업수익, 영업외수익)

————— 이익 또는 손실

회사의 수익(영업수익＋영업외수익)에서 회사의 비용(영업비용＋영업외비용)을 빼면 돈이 남았는지 까먹었는지 알 수 있다.

자본변동표를 이해하기 위한 회계등식

자본변동표를 살펴보자. 자세히 보면, 손익계산서 회계등식인 [수익-비용]에 자본과 같이 괄호로 묶여 있다. 이익이 나면 자본(내 돈)이 증가하고, 손실이 나면 자본(내 돈)이 감소하기 때문이다.

즉 사업을 잘하면 자본이 증가하고, 사업을 못 하면 자본이 감소한다. 손익계산서를 꼼꼼히 봐야 하는 이유가 여기에 있다. 수익과 비용의 관점에서 보면 어떻게 해야 돈을 더 벌 수 있을지, 쓰는 돈을 아낄 수 있을지, 남는 돈을 더 늘릴 수 있을지 알 수 있다.

배당은 주주의 돈으로 사업을 해서 이익이 났을 때 이익을 주주와 함께 나누는 행위다. 이익이 나서 배당을 하면 배당한 만큼 자본이 줄어든다. 그래서 아래와 같은 등식이 나오는 것이다.

$$자산 = 부채 + \{자본 + 수익 - 비용 - 배당\}$$

조금 더 쉽게 설명하면, 사업을 해서 100억 원의 이익이 났다고 가정해보자. 당연히 자본도 100억 원만큼 증가한다. 하지만 이때 배당을 20억 원 했다면, 배당금액 20억 원을 뺀 80억 원만 자본이 증가한다. 이처럼 자본의 변화 내역을 자세히 보여주는 표가 자본변동표다.

회계등식	·	·	대출, 외상 등 언젠가 갚아야 할 남의 돈
자산	·	·	부채와 자본을 합한 것으로 돈을 벌어다 주는 것
자본	·	·	자본금, 투자금, 사업을 통해 남은 돈을 모두 포함한 내 돈
부채	·	·	자산, 부채, 자본의 관계를 공식으로 정리한 등식

회계 회화

도윤: 어제 아이패드 프로를 샀어.
가영: 그거 자산이니?

가영: 이번에 돈 좀 벌었어.
도윤: 수익이 증가했구나. 그래서 이익은 얼마니?

가영: 보너스 받으면 갖고 싶었던 명품 가방을 살 거야.
도윤: 셀프로 배당하는구나! 좋겠다.

도윤: 카드빚이 너무 많아. 어떡하지?
가영: 카드 부채를 좀 줄여 봐. 결제 대금을 상환하지 못하면 이자비용이 만만
치 않잖아!

액션 플랜

★ ★ ★ ★ ★

회계등식으로 내가 다니고 있는 회사의 구조를 살펴보자.

전자공시시스템은
회계 왕초보를 위한 보물창고

전자공시시스템(DART)
기업의 공시자료와 각종 정보를 무료로 조회할 수 있는 사이트

새벽에 갑자기 햄버거가 먹고 싶다면? 24시간 영업하는 맥도날드에서 주문하면 된다. 롯데리아, 버거킹, KFC 등 좋아하는 햄버거를 24시간 언제든지 먹을 수 있다니 얼마나 행복한가?

재무제표를 읽겠다는 엄청난 결심을 했는데, 재무제표가 어디에 있는지 몰라 당황하는 사람들이 은근히 많다. 내가 원하는 재무제표도 24시간 연중무휴 열람하고 다운로드할 수 있다. 바로 금융감독원 **전자공시시스템** Data Analysis, Retrieval and Transfer System에서 말이다. 좀 아는 척하고 싶다면 **다트** DART라고 표현하자. 있어 보인다.

　전자공시시스템은 공시 의무를 가진 기업이 재무제표 또는 공시 자료를 올리면 투자자 등이 조회할 수 있는 사이트다. 영문명 Data Analysis, Retrieval and Transfer System의 앞글자만 따서 D.A.R.T '다트'라 부른다. 여기서 말하는 **공시**란 투자자가 알아야 할 회사의 정보를 누구나 볼 수 있도록 올리는 행위다. 투자자를 보호하기 위해 법적으로 의무화된 제도로, 국가기관인 금융감독원이 관리한다.

　다트는 경영에 직접 참여하지 못하는 투자자를 위한 곳이다. 공시 의무가 있는 모든 회사의 공시사항이 모두 입력되어 있으며 각종 정보도 무료로 조회할 수 있다. 주식, 투자, 재테크를 하고 있다면 내 집처럼 수시로 들어가야 한다.

기업이 공시자료를 잘못 올리면 대표가 법적 책임을 져야 한다. 즉 감방에 갈 수 있다는 소리다. 불성실하게 공시하는 회사의 경우 주식 매매 거래를 정지하거나 관리종목으로 지정하기도 한다. 심하면 상장폐지까지 가능하다.

그럼 이제 다트에 접속해보자. 포털 사이트에서 '전자공시시스템' 또는 '다트'를 검색하거나 주소창에 'newdart.fss.or.kr'를 입력하면 접속할 수 있다. 대한민국을 대표하는 규모 있는 기업들의 회계 정보를 이곳에서 볼 수 있지만, 모든 영리법인의 회계 정보를 볼 수 있는 건 아니다. 다트에 공시할 수 있는 기업은 자산이 120억 원 이상이거나 주식을 상장한 기업, 외감법(주식회사의 외부감사에 관한 법률) 적용기업(회계감사를 받는 기업)이어야 한다.

다트는 모바일 앱(애플리케이션)이 있어 스마트폰이나 태블릿으로 이용하기도 좋다. 다만 다트를 보다 제대로 활용하고 싶다면 필기가 가능한 태블릿을 구입하길 권한다. 사업보고서와 재무제표를 줄 치면서 읽고 싶어 나는 아이패드 프로를 구입했다. 돈을 벌어다 주는 자산이라 생각하고 과감히 비용을 투자한 것이다. 다트의 가장 큰 장점은 모든 정보가 무료라는 점이다. 한마디로 회계 정보의 보물창고다. 얼마나 좋으면 투자의 신 워런 버핏이 극찬하며 부러워했을까? 그런데도 정작 이용하는 이가 매우 적다는 건 슬픈 사실이다.

다트에서는 기업의 사업보고서와 감사보고서를 다운로드할 수 있다. **사업보고서**란 상장사가 사업의 실태와 현황을 보고하는 문서다. 감사보고서를 비롯해 회사의 연혁부터 사업 내용, 재무제표와 주식 변동

사항 등 풍부한 내용을 담는다. 투자자라면 반드시 읽어야 한다. **감사보고서**는 회사의 재무제표를 공인회계사 자격을 가진 감사인으로부터 회계감사를 받고 감사의견을 정리한 보고서다. 다시 전자공시시스템 사이트로 되돌아가자. 다트에서는 상장사와 비상장사의 재무제표를 찾는 방법이 다르다. 상장사의 경우 사업보고서를 공시하므로 사업보고서에서 재무제표를 찾으면 된다. 반면 비상장사는 대부분 사업보고서를 공시하지 않기 때문에 감사보고서에서 재무제표를 찾아야 한다.

다트에서 상장기업 재무제표 찾는 방법

다트에서 상장사인 엔씨소프트의 재무제표를 찾아보자.

❶ 다트의 상단 공시통합검색창에서 회사명에 '엔씨소프트' 입력 후 검색 버튼 클릭

❷ 원하는 검색 기간을 설정. 기간이 분명하지 않으면 '10년'에 체크

❸ '정기공시' 체크박스 클릭 후 세부 항목에서 '사업보고서'에 체크

  (반기보고서와 분기보고서를 보고 싶다면 함께 체크)

❹ 세부 항목창 닫기를 누른 후 검색 버튼 클릭

가장 윗줄에 있는 보고서가 최근 보고서다. 내용이 꽉 찬 사업보고서는 '2020.12', '2019.12' 이렇게 기간이 적힌 연차 사업보고서다. 분기보고서와 반기보고서의 경우 재무제표만 업데이트되는 경우가 많다. 엔씨소프트의 가장 최근 사업보고서를 클릭해 내용을 확인해보자.

사업보고서 세 번째 항목인 'Ⅲ. 재무에 관한 사항'에서 요약재무정

보, 연결재무제표, 별도재무제표 등을 전부 볼 수 있다. 각 항목에 대한 자세한 내용은 뒤에서 설명하겠다. 지금은 원하는 정보가 어느 위치에 있는지 확인하는 것으로 충분하다. 화면 상단의 다운로드를 클릭하면 PDF 파일이나 엑셀 파일로 다운로드할 수 있다.

다트에서 비상장기업 재무제표 찾는 방법

———

이번에는 비상장사인 코스메틱 전문기업 해브앤비의 재무제표를 찾아보자. 대부분 비상장사는 사업보고서를 공시하지 않는다. 그러므로 회계감사를 받은 재무제표, 즉 감사보고서를 찾아야 한다.

❶ 다트의 상단 공시통합검색창에서 회사명에 '해브앤비' 입력 후 검색 버튼 클릭

❷ 원하는 검색 기간을 설정. 기간이 분명하지 않으면 '10년'에 체크

❸ '외부감사관련' 체크박스 클릭 후 하위 세부 항목에서 '감사보고서'와 '연결감사보고서'에 체크

❹ 닫기를 누른 후 검색 버튼 클릭

감사보고서는 모회사만의 재무제표를 감사한 보고서다. **연결감사보고서**는 모회사와 자회사를 합친 연결재무제표를 감사한 보고서다. 자세한 내용은 뒤에서 설명하겠다. 우선 직접 눈으로 확인해보자.

상단의 '연결감사보고서(2020.12)'를 클릭하면 아래 화면이 나온다. 감사보고서는 사업보고서와 달리 구성이 간단하다. 좌측 메뉴 '연결재

무제표' 항목에서 바로 재무제표를 볼 수 있다. 화면 상단의 다운로드를 클릭하면 연결감사보고서를 PDF 파일로 다운로드할 수 있다. 단, 상장사와 달리 재무제표를 엑셀 파일로 다운로드할 수는 없다.

키워드 검색과 현저한 시황

다트에는 치트키가 있다. 바로 '키워드 검색'과 '현저한 시황'이다. 구글과 네이버에 단순 검색 기능이 있다면, 다트에는 **키워드 검색**이 있다. 찾는 방법은 간단하다. 공시통합검색창에서 검색 조건을 '본문 내용'에 체크하고 '방탄소년단'이라고 검색하면 방탄소년단과 관련 있는 기업,

상품, 투자 등 따끈한 정보를 얻을 수 있다.

시장조사를 하거나 보고서를 작성할 때 검색창에 관련 키워드를 입력해보자. 생각지도 못한 보물을 찾을 수 있을 것이다.

두 번째는 **현저한 시황**이다. 공시통합검색창에서 검색 조건을 '보고서명'으로 선택한 후, '현저한 시황'이라고 검색한다. '보고서명 찾기' 팝업창이 뜨면 보고서명 체크박스를 전체 선택하고 검색 버튼을 누른다. 그러면 최근 주가 변동이 심한 기업의 공시자료(주가 변동에 대한 기업의 답변)를 볼 수 있다.

회사가 나서서 떠도는 소문에 대해 답변하는 경우도 있다. 이를 '풍문 또는 보도에 대한 해명'이라고 한다. 2021년 기아차와 현대차가 애플카 관련 기사에 대해 직접 답변했다. 이 사례가 바로 '풍문 또는 보도에

대한 해명' 공시다. 이런 공시는 현저한 시황에 나오지 않기 때문에 해당 회사를 직접 검색해야 볼 수 있다. 팁을 준다면 다트 메인화면 하단에 [많이 본 문서]가 있다. 실시간 검색어 같은 개념이다. 지금 사람들이 다트에서 가장 많이 찾아보는 공시자료를 보여주므로 '풍문 또는 보도에 대한 해명' 자료는 여기에 떠 있을 확률이 높다.

4가지 기업 분류를 기억하라

참고로 다트는 기업 이름 앞에 [유] [코] [넥] [기] 4가지 아이콘을 붙인다. 기업을 종류별로 쉽게 구분하기 위해서다.

16:10	코	JYP Ent.	타법인주식및출자증권취득결정	JYP Ent.	2021.06.04	코
16:10	유	HDC아이콘트롤스	기타시장안내 (합병 우회상장 관련)	유가증권시장본부	2021.06.04	유
16:09	유	메리츠증권	증권별행실적보고서	메리츠증권	2021.06.04	
16:09	코	인산가	[기재정정]신규시설투자등	인산가	2021.06.04	코
16:07	기	오에스	[기재정정]감사보고서 (2020.12)	이산회계법인	2021.06.04	
16:06	기	신한카드	증권신고서(채무증권)	신한카드	2021.06.04	
16:05	유	HDC아이콘트롤스	매매거래정지및정지해제(우회상장심사)	유가증권시장본부	2021.06.04	유
16:05	넥	플림라인생명과학	지정자문인선임계약의체결	플림라인생명과학	2021.06.04	넥

- 유: 유가증권 상장시장, 즉 코스피에 상장한 기업
- 코: 코스닥에 상장한 기업
- 넥: 코넥스에 상장한 기업
- 기: 기타 기업으로 비상장 기업

예를 들면 우리나라에 OEMOriginal Equipment Manufacturing(주문자 위탁 생산 방식)과 ODMOriginal Development Manufacturing(제조업자 개발 생산방식) 방식으로 수출하는 패션 전문기업이 있다. 바로 한세실업과 세아상역이다. 다트에서 두 회사의 이름을 검색해보자. 한세실업은 코스피 상장기업이므로 [유]한세실업이라고 표시되며, 세아상역은 비상장 기업이므로 [기]세아상역이라고 표시된다.

코넥스(konex.krx.co.kr)를 모르는 사람들이 많은데, 코넥스는 코스닥 상장 요건을 채우지 못한 중소벤처기업을 위한 주식시장이다.

자, 이토록 친절한 다트에 대해 알았다면 당장 스마트폰과 태블릿에 앱을 깔자. 자주 들어가 관심 있는 기업을 검색해보자. 당장은 눈에 들어오지 않아도 몇 번 하다 보면 익숙해지고 원하는 자료를 쏙쏙 찾을 수 있게 될 것이다.

핵심 요약

전자공시 시스템	•	•	기업의 공시자료와 각종 정보를 무료로 조회할 수 있는 사이트
사업 보고서	•	•	회사의 재무제표를 공인회계사 자격을 가진 감사인으로부터 회계감사를 받고 감사의견을 정리한 보고서
감사 보고서	•	•	상장사가 사업의 실태와 현황을 보고하는 문서
연결감사 보고서	•	•	모회사와 자회사를 합친 연결재무제표를 감사한 보고서

회계 회화

서대리: 팀장님은 왜 갑자기 우리 회사 2020년 연결감사보고서를 가져오라는
거야? 직접 재무팀에 요청하지!

윤대리: 진정하고 다트에 들어가 봐. 우리 회사도 공시하니까 다운로드할 수 있어.

서대리: 거기는 아무나 들어가냐? 재무팀 코드가 있어야 들어가지.

윤대리: 아무나 들어갈 수 있어! 회계감사를 받는 기업이라면 무조건 다트에 감
사보고서를 올려야 하거든.

서대리: 진짜? 비용 지불해야 하는 거 아니야?

윤대리: 다트는 공짜야. 24시간 언제든지 들어가서 기업들의 감사보고서와 사
업보고서를 볼 수 있다고!

액션 플랜

★ ★ ★ ★ ★

• 전자공시시스템에서 상장사와 비상장사의 재무제표를 찾아보자!

• 직장인이라면 지금 다니는 회사, 투자자라면 투자하고 싶은 회사, 취준생이
라면 취업하려는 회사의 재무제표를 전자공시시스템에서 찾아보자!

04

기업의 모든 비밀은
재무제표에 담겨 있다

재무제표(Financial Statements)
회사 돈에 대한 정보를 알려주는 여러 가지 표

재무제표는 회사 돈에 대한 정보를 알려주는 여러 가지 표를 말한다. 회사가 어떻게 돈을 벌고 썼는지, 그래서 현재 재무 상태와 영업 성과는 어떤지 한눈에 볼 수 있도록 정리한 요약표다. 따라서 재무제표를 읽을 줄 알면 내가 다니고 있는 회사는 물론 내가 투자한 회사의 현 상태와 지속 발전 가능성에 대해 예측할 수 있다. 우리가 재무제표 독해력을 길러야 하는 이유다. 아는 만큼 보이는 법! 재무제표를 제대로 읽을 줄 알아야 직장인에겐 승진을 앞당길 경쟁력이, 주식이나 재테크에 관심 있는 투자자에겐 부의 파이프라인이, 개인사업을 꾸려나가는 자영업자에겐 번영의 길이 열린다. 재무제표, 절대 소홀히 여기지 말자.

　재무제표는 다섯 가지 종류의 표로 구성되어 있다. 재무상태표, 손익계산서, 자본변동표, 현금흐름표와 별책부록인 주석이다.

- **재무상태표**Statement of Financial Position

  특정 시점의 회사 건강 상태를 보여주는 표

- **손익계산서**Income Statement

  일정 기간 동안 회사의 사업 성적표를 보여주는 표

- **자본변동표**Statement of Changes in Equity

  일정 기간 동안 자본이 커지고 작아지는 변화를 보여주는 표

- **현금흐름표**Statement of Cash Flows

  일정 기간 동안 회사 통장의 입출금과 현금 잔액을 보여주는 표

- **주석**Footnote

  재무제표의 궁금한 점을 세부적으로 설명해주는 별책부록

　어려운 설명에 주눅들거나 긴장하지 마라. 혹시 홍콩 배우 4대 천왕을 아는가? 1990년대 영화계를 주름잡았던 곽부성, 유덕화, 장학우, 여명이다. 재무제표에도 4대 천왕이 존재한다. **재무상태표, 손익계산서, 자본변동표, 현금흐름표다.** 그리고 4대 천왕을 모시는 비서 격인 **주석**이 있다. 그럼 지금부터 하나씩 알아보자.

재무상태표는 회사의 건강검진표

전자공시시스템 다트에서 원하는 기업의 사업보고서를 찾아 [Ⅲ. 재무에 관한 사항]−[재무제표] 순으로 열어보면 재무상태표가 제일 위에 있다. 재무상태표가 아주 중요하니 가장 먼저 보라는 뜻이다.

재무상태표는 회사의 건강 상태를 보여주는 건강검진표다. 특정 시점, 예를 들어 12월 31일이라는 특정일을 딱 찍어서 그날의 재무 현황을 보여준다. 재무제표 중 재무상태표만 유일하게 시점을 특정한다. 나머지 손익계산서, 자본변동표, 현금흐름표는 1월 1일부터 12월 31일까지 기간을 기준으로 한다.

건강에 대해 이야기할 때 "나는 1월 1일부터 12월 31일까지 건강했어!"라고 말하지 않는다. "지금, 오늘, 현재 나는 건강해!"라고 말한다. 이처럼 재무상태표는 특정 시점을 기준으로 보여준다. 대부분 연말인 12월 31일 기준이다(분기보고서는 분기 말, 반기보고서는 반기 말 기준).

재무상태표의 가장 윗부분을 보면 시점이 적혀 있다. 어느 시점의 재무상태표인지 말해준다. 52기, 51기는 회사의 나이를 말한다. 52기는 기업이 올해 52살이라는 뜻이다. 오른쪽 표에서 박스로 표시한 부분의 52살 12월 31일 현재 건강 상태를 작년 51살 12월 31일 기준 건강 상태와 비교해 보여준다는 의미다.

예전에는 재무상태표를 '대차대조표'라고 불렀다. 많은 회사에서는 여전히 대차대조표라는 말을 쓴다. 회사 선배가 "대차대조표 확인했어?"라고 말하면 '아, 재무상태표를 말하는구나'라고 찰떡같이 알아듣자.

재 무 상 태 표

제 52 기 : 2020년 12월 31일 현재
제 51 기 : 2019년 12월 31일 현재

삼성전자주식회사 (단위 : 백만원)

과 목	주석	제 52 (당) 기		제 51 (전) 기	
자 산					
Ⅰ. 유 동 자 산			73,798,549		72,659,080
1. 현금및현금성자산	4, 28	989,045		2,081,917	
2. 단기금융상품	4, 28	29,101,284		26,501,392	
3. 매출채권	4, 5, 7, 28	24,736,740		26,255,438	
4. 미수금	4, 7, 28	1,898,583		2,406,795	
5. 선급비용		890,680		813,651	
6. 재고자산	8	13,831,372		12,201,712	
7. 기타유동자산	4, 28	2,350,845		2,398,175	
Ⅱ. 비 유 동 자 산			155,865,878		143,521,840
1. 기타포괄손익-공정가치금융자산	4, 6, 28	1,539,659		1,206,080	
2. 당기손익-공정가치금융자산	4, 6, 28	3,107		3,181	
3. 종속기업, 관계기업 및 공동기업 투자	9	56,587,548		56,571,252	
4. 유형자산	10	86,166,924		74,090,275	
5. 무형자산	11	7,002,648		8,008,653	
6. 순확정급여자산	14	1,162,456		486,855	
7. 이연법인세자산	25	992,385		547,176	
8. 기타비유동자산	4, 7, 28	2,411,151		2,608,368	
자 산 총 계			229,664,427		216,180,920
부 채					
Ⅰ. 유 동 부 채			44,412,904		36,237,164
1. 매입채무	4, 28	6,599,025		7,547,273	
2. 단기차입금	4, 5, 12, 28	12,520,367		10,228,216	
3. 미지급금	4, 28	9,829,541		9,142,890	
4. 선수금	17	424,368		355,562	
5. 예수금	4, 28	432,714		383,450	
6. 미지급비용	4, 17, 28	7,927,017		5,359,291	
7. 당기법인세부채		3,556,146		788,846	
8. 유동성장기부채	4, 12, 13, 28	87,571		153,942	
9. 충당부채	15	2,932,468		2,042,039	
10. 기타유동부채	17	103,687		235,655	
Ⅱ. 비 유 동 부 채			1,934,799		2,073,509
1. 사채	4, 13, 28	31,909		39,520	
2. 장기차입금	4, 12, 28	150,397		174,651	
3. 장기미지급금	4, 28	1,247,752		1,574,535	
4. 장기충당부채	15	503,035		283,508	
5. 기타비유동부채		1,706		1,295	

손익계산서는 회사의 사업 성적표

—

손익계산서는 회사의 성적표다. 경영자의 성적표라고도 볼 수 있다. 1년 동안 회사가 돈을 얼마나 벌고 썼는지, 세금은 얼마를 냈는지, 그래서 총 얼마가 남았는지 종합적인 경영 성과를 보여준다. 아래 손익계산서를 보자. 기간을 보니 1월 1일부터 12월 31일까지 삼성전자의 성적을 보여주고 있다. 이처럼 손익계산서는 재무상태표와 다르게 1년을 기준으로 한다.

손익계산서에는 두 가지 종류가 있다. 일반기업회계기준을 적용해 재무제표를 작성하면 **손익계산서**, 상장사 또는 K-IFRS라는 국제회계기준으로 작성하면 **포괄손익계산서**라고 한다.

포괄손익계산서는 실제 번 돈뿐 아니라 아직 돈을 번 건 아니지만 평가를 받아 발생한 미실현손익까지 합쳐서 보여주는 손익계산서다. 쉽게 예를 들면, 비트코인에 투자를 했다고 가정해보자. 비트코인을 팔아 돈을 벌었다면 이건 **실현손익**이다. 아직 보유하고 있는 비트코인 평가액은 **미실현손익**이다. 즉 포괄손익계산서는 실제 번 돈과 앞으로 벌 수 있는 돈을 같이 보여준다. 손익계산서가 실현손익을 보여준다면, 포괄손익계산서는 실현손익과 미실현손익을 함께 보여준다.

손익계산서의 실현손익을 **당기순이익**이라 한다. 여기에 미실현손익인 기타포괄손익을 더하면 **총포괄이익**이다. LG생활건강은 손익계산서와 포괄손익계산서를 따로 올리는데, 아모레퍼시픽은 포괄손익계산서 하나만 올린다. 이는 어떤 문제가 있어서가 아니라 그냥 회사 마음이다.

손 익 계 산 서
제 52 기 : 2020년 1월 1일부터 2020년 12월 31일까지
제 51 기 : 2019년 1월 1일부터 2019년 12월 31일까지

삼성전자주식회사 (단위 : 백만원)

과 목	주석	제 52 (당) 기		제 51 (전) 기	
I. 매 출 액	29		166,311,191		154,772,859
II. 매 출 원 가	21		116,753,419		113,618,444
III. 매 출 총 이 익			49,557,772		41,154,415
판매비와관리비	21, 22	29,038,798		27,039,348	
IV. 영 업 이 익	29		20,518,974		14,115,067
기 타 수 익	23	797,494		5,223,302	
기 타 비 용	23	857,242		678,565	
금 융 수 익	24	5,676,877		4,281,534	
금 융 비 용	24	5,684,180		3,908,869	
V. 법인세비용차감전순이익			20,451,923		19,032,469
법 인 세 비 용	25	4,836,905		3,679,146	
VI. 당 기 순 이 익			15,615,018		15,353,323
VII. 주 당 이 익	26				
기본주당이익(단위 : 원)			2,299		2,260
희석주당이익(단위 : 원)			2,299		2,260

포 괄 손 익 계 산 서
제 20 (당) 기 2020년 01월 01일부터 2020년 12월 31일까지
제 19 (전) 기 2019년 01월 01일부터 2019년 12월 31일까지

주식회사 LG생활건강 (단위: 원)

과목	주석	제 20 (당) 기		제 19 (전) 기	
당기순이익			618,438,771,442		622,867,720,362
기타포괄손익			(409,979,099)		(11,886,565,760)
후속적으로 당기손익으로 재분류되지 않는 항목:			(409,979,099)		(11,886,565,760)
확정급여제도의 재측정요소	23	915,056,173		(10,024,649,232)	
기타포괄손익-공정가치 측정 금융자산 평가손실	10,28,34	(1,327,783,683)		(1,906,910,378)	
기타포괄손익-공정가치 측정 금융자산 처분이익	10,34	2,748,411		44,993,850	
총포괄이익			618,028,792,343		610,981,154,602

자본변동표는 회사의 자본 투명 차트

———

자본변동표는 말 그대로 자본의 변화를 보여주는 표다. 펀드에 가입
해본 적이 있다면 운용사로부터 자산운용표를 받아봤을 것이다. 내 펀
드 수익률이 얼마고, 어디에서 수익이 나고 있는지 내 소중한 자산의 변
화를 확인할 수 있다. 자본변동표도 마찬가지다.

자본변동표
제 52 기 : 2020년 1월 1일부터 2020년 12월 31일까지
제 51 기 : 2019년 1월 1일부터 2019년 12월 31일까지

삼성전자주식회사 (단위 : 백만원)

과 목	주석	자본금	주식발행초과금	이익잉여금	기타자본항목	총 계
2019.1.1(전기초)		897,514	4,403,893	166,555,532	1,131,186	172,988,125
I. 총포괄손익						
1. 당기순이익		-	-	15,353,323	-	15,353,323
2. 기타포괄손익-공정가치금융자산평가손익	6, 20	-	-	(1,286)	74,485	73,199
3. 순확정급여부채(자산) 재측정요소	14, 20	-	-	-	(925,157)	(925,157)
II. 자본에 직접 인식된 주주와의 거래						
1. 배당	19	-	-	(9,619,243)	-	(9,619,243)
2019.12.31(전기말)		897,514	4,403,893	172,288,326	280,514	177,870,247
2020.1.1(당기초)		897,514	4,403,893	172,288,326	280,514	177,870,247
I. 총포괄손익						
1. 당기순이익		-	-	15,615,018	-	15,615,018
2. 기타포괄손익-공정가치금융자산평가손익	6, 20	-	-	-	93,251	93,251
3. 순확정급여부채(자산) 재측정요소	14, 20	-	-	-	(642,550)	(642,550)
II. 자본에 직접 인식된 주주와의 거래						
1. 배당	19	-	-	(9,619,242)	-	(9,619,242)
2020.12.31(당기말)		897,514	4,403,893	178,284,102	(268,785)	183,316,724

1월 1일부터 12월 31일까지 일정 기간 동안 자본이 어떻게 변했는지 항목별로 구분해 알려준다. 자본의 주인은 주주다. 주주라면 내가 투자한 돈이 어떻게 변하고 있는지 보고 싶을 것이다. 자본변동표를 보면 자본금, 주식발행초과금, 이익잉여금 등 자본이 커지거나 작아지는 변화가 일목요연하게 정리되어 있다. 회사가 증자를 했거나 자기주식을 매입하거나, 배당한 내용도 확인할 수 있다.

현금흐름표는 회사의 현금 추적자

현금흐름표는 회사의 혈액순환이라 할 수 있는 현금의 흐름을 보여

삼성전자주식회사 (단위 : 백만원)

과 목	주석	제 52 (당) 기		제 51 (전) 기	
I . 영업활동 현금흐름			37,509,025		22,796,257
1. 영업에서 창출된 현금흐름		39,541,654		28,344,706	
가. 당기순이익		15,615,018		15,353,323	
나. 조정	27	24,319,842		16,911,222	
다. 영업활동으로 인한 자산부채의 변동	27	(393,206)		(3,919,839)	
2. 이자의 수취		448,323		673,363	
3. 이자의 지급		(148,262)		(306,633)	
4. 배당금 수입		129,569		4,625,181	
5. 법인세 납부액		(2,462,259)		(10,540,360)	
II . 투자활동 현금흐름			(31,175,575)		(13,537,171)
1. 단기금융상품의 순감소(증가)		(2,099,892)		6,212,479	
2. 장기금융상품의 처분		-		1,400,000	
3. 기타포괄손익-공정가치금융자산의 처분		503		1,239	
4. 기타포괄손익-공정가치금융자산의 취득		(204,957)		(6,701)	
5. 당기손익-공정가치금융자산의 처분		74		7,334	
6. 종속기업, 관계기업 및 공동기업 투자의 처분		22,057		58,677	
7. 종속기업, 관계기업 및 공동기업 투자의 취득		(163,456)		(925,139)	
8. 유형자산의 처분		431,142		600,901	
9. 유형자산의 취득		(26,962,042)		(17,240,242)	
10. 무형자산의 처분		1,082		1,965	
11. 무형자산의 취득		(2,239,834)		(2,855,959)	
12. 사업결합으로 인한 현금유출액		-		(785,000)	
13. 기타투자활동으로 인한 현금유출입액		39,748		(6,725)	
III . 재무활동 현금흐름			(7,426,376)		(9,787,719)
1. 단기차입금의 순증가(감소)	27	2,326,350		(41,078)	
2. 사채 및 장기차입금의 상환	27	(134,443)		(128,431)	
3. 배당금의 지급		(9,618,283)		(9,618,210)	
IV. 외화환산으로 인한 현금의 변동			54		2,593
V. 현금및현금성자산의 증가(감소)(ⅠⅠ+Ⅱ+Ⅲ+Ⅳ)			(1,092,872)		(526,040)
VI. 기초의 현금및현금성자산			2,081,917		2,607,957
VII. 기말의 현금및현금성자산			989,045		2,081,917

준다. 회사는 영업통장, 투자통장, 재무통장 총 3개의 현금 통장을 갖고 있다. 이 3개의 통장에 현금이 얼마나 들어오고 나가는지, 현금이 얼마 남았는지 한눈에 보여주는 자료가 현금흐름표다.

현금흐름표는 재무제표 4대 천왕 중 가장 늦게 합류한 막내지만 가장 중요한 역할을 한다. 현금흐름표가 중요한 이유는 실제 회사가 돈을 버는지 까먹는지 알려주기 때문이다. 예를 들어 1년에 2억 원을 버는데

5,000만 원을 쓰는 사람이 있다. 이 사람의 통장에는 얼마가 있어야 할까? 1억 5,000만 원이 있어야 한다. 그런데 막상 통장을 보니 한 푼도 없고 오히려 마이너스다. 현금은 어디로 갔을까? 지금 누가 거짓말을 하는 걸까? 사람일까? 통장일까?

손익계산서를 보면 회사가 돈을 버는지 아닌지 알 수 있다. 돈을 벌고 쓰고 남은 돈이 손익계산서에 100억 원이라고 적혀 있는데, 회사 현금 통장에 100억 원이 없다면 누가 거짓말을 하는 걸까? 손익계산서를 조작하고 거짓말하는 회사가 현금흐름표에서 많이 적발된다. 현금은 팩트Fact라 조작하기 어렵다.

주석은 재무제표 읽기의 도우미

주석은 재무제표 4대 천왕에 대한 궁금한 내용을 대신 설명해주는 비서다. 재무제표에 나온 숫자를 더욱 구체적으로 설명해 이해를 돕는다. 숫자가 나오게 된 배경, 즉 비밀을 모두 알고 있기 때문에 매우 중요하다.

재무제표를 보다 급증하거나 급감한 숫자가 나오면 궁금해진다. 이런 궁금증을 주석에서 해결할 수 있다. 예를 들어 유형자산이 증가했는데 어떤 유형자산이 증가했는지 궁금하면 주석에서 유형자산 내역을 살펴보면 된다. 새로 취득한 유형자산이 무엇인지, 처분한 유형자산은 무엇인지 친절하게 알려준다.

삼성전자주식회사

1. 일반적 사항:

삼성전자주식회사(이하 "회사")는 1969년 대한민국에서 설립되어 1975년에 대한민국의 증권거래소에 상장하였습니다. 회사의 사업은 CE 부문, IM 부문, DS 부문으로 구성되어 있습니다. CE(Consumer Electronics) 부문은 TV, 모니터, 에어컨 및 냉장고 등의 사업으로 구성되어 있고, IM(Information technology & Mobile communications) 부문은 휴대폰, 통신시스템, 컴퓨터 등의 사업으로 구성되어 있으며, DS(Device Solutions) 부문은 메모리, Foundry, System LSI 등의 반도체 사업으로 구성되어 있습니다. 회사의 본점 소재지는 경기도 수원시입니다.

회사의 재무제표는 한국채택국제회계기준에 따라 작성되었으며, 기업회계기준서 제1027호 '별도재무제표'에 따른 별도재무제표입니다.

또 재무제표에 나오지 않는 중요한 내용도 알려준다. 주주가 누구인지, 돈을 어디에서 빌렸고 대출금리는 얼마인지, 특수 관계자와의 거래나 우발부채, 중요한 약정사항 등 꼭 챙겨봐야 하는 내용이 담겨 있다. 주석은 구체적이지만 내용이 길고 어려워 이해하기가 쉽지 않다. 하지만 회사는 주석 작성에 공을 들인다. 그만큼 알짜 정보가 들어 있다는 의미다. 반드시 꼼꼼히 챙겨보는 습관을 가져보자.

재무제표	·	·	일정 기간 동안 회사의 사업 성적표를 보여주는 표
재무상태표	·	·	특정 시점의 회사 건강 상태를 보여주는 표
손익계산서	·	·	회사 돈에 대한 정보를 알려주는 여러 가지 표
자본변동표	·	·	재무제표의 궁금한 점을 세부적으로 설명해주는 별책부록
현금흐름표	·	·	일정 기간 동안 회사 통장의 입출금 흐름과 잔액도 보여주는 표
주석	·	·	일정 기간 동안 자본이 커지고 작아지는 변화를 보여주는 표

회계 회화

미혜: 내가 소개하려는 사람, 돈 진짜 잘 벌어!
규현: 그 사람 재무제표 좀 볼 수 있니?

미혜: 이 회사 이익이 장난 아니네.
규현: 이익만큼 현금이 들어오는지 현금흐름표 확인해 봤어?

액션 플랜

★ ★ ★ ★ ★

관심 있는 기업의 재무제표 구성을 전자공시시스템에서 확인해보자!

05

연결재무제표와
별도재무제표

연결재무제표

(Consolidated Financial Statements)

모회사와 자회사의 재무제표를 합친 재무제표

별도재무제표

(Separate Financial Statements)

자회사를 제외한 모회사의 재무제표

사람에게 이름이 있듯 재무제표에도 이름이 있다. 연결재무제표, 별도재무제표, 개별재무제표 등이다. 재무제표를 볼 때 가장 먼저 연결재무제표인지, 별도재무제표인지 확인해야 한다. 코스피, 코스닥에 상장한 회사는 연결재무제표 기준으로 실적을 발표한다.

연결재무제표는 모회사의 재무제표와 자회사의 재무제표를 합친 재무제표를 말한다. 회계에서 모회사를 **지배기업**, 자회사를 **종속기업**이라 표현한다. 어린 시절, 명절 때 다들 이런 경험을 한 적이 있을 것이다. 친척 어른들께 분명 용돈을 받았는데, 그 용돈은 다 어디로 갔을까? 부모님의 주머니로 들어갔다. 내 돈은 곧 부모님의 돈이니까. 부모님은 지배기업(모회사)이고, 나는 종속기업(자회사)이기 때문이다.

따라서 지배기업이 100억 원을 벌고 종속기업이 10억 원을 번다면 연결재무제표의 매출은 110억 원으로 표기한다.

한편 **별도재무제표**는 자회사를 뺀 모회사만의 재무제표, 즉 지배기업의 상태만 정리한 재무제표를 말한다. 별도재무제표의 경우 지배기업이 100억 원을 벌고, 종속기업이 10억 원을 벌었을 때 매출은 100억 원으로 표기한다. 종속기업이 번 돈은 반영하지 않고 오로지 지배기업의 상태만 기록하기 때문이다.

사업보고서에서 재무제표 구별하는 방법

전자공시시스템 다트에서 기업의 재무제표를 확인해보자. 사업보고서에서 연결재무제표와 별도재무제표를 찾을 수 있다.

사업보고서 세 번째 항목의 'Ⅲ. 재무에 관한 사항'을 클릭하면 요약재무정보가 나타난다. 요약연결재무정보는 연결재무제표를 보여주고, 요약재무정보는 별도재무제표를 보여준다. 또 연결재무제표는 말 그대로 연결재무제표, 재무제표는 별도재무제표를 말한다.

오른쪽 사진을 보며 이해해보자. 연결감사보고서는 연결재무제표에 대한 감사보고서다. 감사보고서는 별도재무제표에 대한 감사보고서다. 도저히 무슨 이야기인지 이해하기 어렵다면 이렇게 생각하자.

　재무제표 앞에 '연결'이란 단어가 들어가면 '아하! 연결재무제표! 모
회사와 자회사의 재무제표를 합친 표!' 회계어로는 '지배기업과 종속기
업의 재무제표를 합친 표!'로 이해하자.

　그냥 재무제표는 '아하! 별도재무제표! 모회사만의 재무제표!'라고 가장 큰 차이점만 이해하면 된다.

연결재무제표만 보면 지배기업과 종속기업의 재무제표가 합쳐져 있어 기업별 실적을 구분할 수 없다. 지배기업과 종속기업의 각자 재무제표를 보고 싶다면 별도재무제표로 지배기업의 실적을 확인하면 된다. 또는 연결재무제표 주석에서 종속기업의 재무 정보 현황을 참고하는 방법도 있다.

마지막으로 개별재무제표(앞에 별도가 아니라 '개별'이라는 단어가 붙었다!)는 종속기업이 없는 회사, 즉 자회사가 없는 회사의 재무제표다. 그런데 개별재무제표와 별도재무제표를 혼용해서 쓰기도 하기 때문에 연결재무제표와 별도재무제표의 차이만 알아도 충분하다.

전자공시시스템 외에도 네이버 금융(finance.naver.com)과 에프앤가이드(comp.fnguide.com)에서도 재무제표를 많이 확인한다. 한번 둘러보자.

연결재무제표	•	•	모회사와 자회사의 재무제표를 합친 재무제표
별도재무제표	•	•	자회사
지배기업	•	•	모회사
종속기업	•	•	자회사를 제외한 모회사의 재무제표

회계 회화

지희: 엄마, 내가 명절에 받은 용돈 다 어디로 갔어?
엄마: 지배기업인 내가 가지고 있지.

지환: 너희 부부는 합쳐서 얼마 벌어?
혁준: 연결기준으로 월 1,000만 원 정도 벌어.

미숙: 딸이 월급 받았다고 용돈을 줬어.
현영: 종속기업 아주 잘 키웠네. 부럽다!

액션 플랜

★ ★ ★ ★ ★

네이버 금융과 에프앤가이드에서 관심 있는 기업의 재무제표를 찾아 연결재무제표와 별도재무제표를 구분해서 내용을 확인해보자.

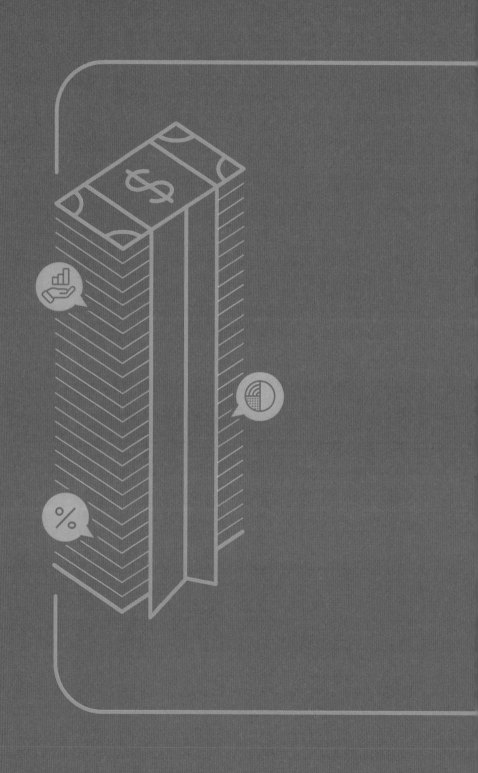

재무상태표 읽기 I
: 자산

기업의 기초체력인 '자산'에 대해 알아보자

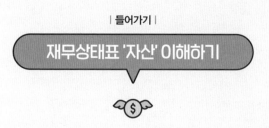

재무상태표 '자산' 이해하기

이번 파트에서는 회사의 건강 상태를 보여주는 재무상태표에 대해 자세히 배워보자. 먼저 재무상태표는 어떻게 생겼을까?

재무상태표		구분
자산(돈을 벌어다 주는 것)	유동자산	당좌자산(현금, 매출채권), 재고자산
	비유동자산	투자자산, 유형자산, 무형자산
부채(남의 돈)	유동부채	매입채무, 선수금, 단기차입금
	비유동부채	장기차입금, 사채
자본(내 돈)		자본금, 자본잉여금, 이익잉여금

앞서 살펴보았던 재무상태표 회계등식을 기억해보자. [자산＝부채＋자본] 회계등식이 떠오르는가? 이처럼 재무상태표는 자산, 부채, 자본으로 구성되어 있다. 자산은 회사에 돈을 벌어다 주는 것이며 부채는 남의 돈, 자본은 내돈 또는 투자받은 돈이다.

자산은 유동자산과 비유동자산으로 나뉜다. 나누는 기준은 '1년'이라는 기간이다. **유동자산**은 1년 안에 현금화할 수 있는 자산이고, **비유동자산**은 현금화하는 데 1년 이상 걸리는 자산이다. 유동자산은 다시 당좌자산과 재고자산으로 나뉘며 비유동자산에는 투자자산, 유형자산, 무형자산이 있다.

부채는 크게 **유동부채**와 **비유동부채**로 나눌 수 있다. 유동부채는 1년 안에 갚아야 하는 부채이며 비유동부채는 1년 후에 갚아도 되는 부채다. 유동부채에는 매입채무, 선수금, 단기차입금이 있다. 비유동부채에는 장기차입금과 사채가 있다. 자본에는 자본금과 자본잉여금, 이익잉여금이 있다.

재무상태표는 재무제표 중 유일하게 특정 시점을 기준으로 작성한다. 상장사라면 3월 31일, 6월 30일, 9월 30일, 12월 31일이고 비상장사라면 대개 12월 31일을 특정 시점으로 한다. 따라서 재무상태표를 볼 때는 작성 시점이 언제인지 꼭 확인해야 한다.

재무상태표는 항상 1년 전 동일 시점과 비교해서 보여준다. 1년 전과 비교해 지금의 건강 상태가 좋아졌는지 나빠졌는지 살펴보라는 의미다.

실제 재무상태표를 살펴보자.

연 결 재 무 상 태 표

제 52 기 : 2020년 12월 31일 현재

제 51 기 : 2019년 12월 31일 현재

삼성전자주식회사와 그 종속기업 (단위 : 백만원)

과 목	주 석	제 52 (당) 기	제 51 (전) 기
자 산			
I. 유 동 자 산		198,215,579	181,385,260
1. 현금및현금성자산	4, 28	29,382,578	26,885,999
2. 단기금융상품	4, 28	92,441,703	76,252,052
3. 단기상각후원가금융자산	4, 28	2,757,111	3,914,216
4. 단기당기손익-공정가치금융자산	4, 6, 28	71,451	1,727,436
5. 매출채권	4, 5, 7, 28	30,965,058	35,131,343
6. 미수금	4, 7, 28	3,604,539	4,179,120
7. 선급비용		2,266,100	2,406,220
8. 재고자산	8	32,043,145	26,766,464
9. 기타유동자산	4, 28	3,754,462	4,122,410
10. 매각예정분류자산	32	929,432	-
II. 비 유 동 자 산		180,020,139	171,179,237
1. 기타포괄손익-공정가치금융자산	4, 6, 28	12,575,216	8,920,712
2. 당기손익-공정가치금융자산	4, 6, 28	1,202,969	1,049,004
3. 관계기업 및 공동기업 투자	9	8,076,779	7,591,612
4. 유형자산	10	128,952,892	119,825,474
5. 무형자산	11	18,468,502	20,703,504
6. 순확정급여자산	14	1,355,502	589,832
7. 이연법인세자산	25	4,275,000	4,505,049
8. 기타비유동자산	4, 7, 28	5,113,279	7,994,050
자 산 총 계		378,235,718	352,564,497
부 채			
I. 유 동 부 채		75,604,351	63,782,764
1. 매입채무	4, 28	9,739,222	8,718,222
2. 단기차입금	4, 5, 12, 28	16,553,429	14,393,468
3. 미지급금	4, 28	11,899,022	12,002,513
4. 선수금	17	1,145,423	1,072,062
5. 예수금	4, 28	974,521	897,355
6. 미지급비용	4, 17, 28	24,330,339	19,359,624
7. 당기법인세부채		4,430,272	1,387,773
8. 유동성장기부채	4, 12, 13, 28	716,099	846,090
9. 충당부채	15	4,349,563	4,068,627
10. 기타유동부채	4, 17, 28	1,127,719	1,037,030
11. 매각예정분류부채	32	338,742	-
II. 비 유 동 부 채		26,683,351	25,901,312
1. 사채	4, 13, 28	948,137	975,298
2. 장기차입금	4, 12, 28	1,999,716	2,197,181

3. 장기미지급금	4, 28	1,682,910			2,184,249	
4. 순확정급여부채	14	464,458			470,780	
5. 이연법인세부채	25	18,810,845			17,053,808	
6. 장기충당부채	15	1,051,428			611,100	
7. 기타비유동부채	4, 17, 28	1,725,857			2,408,896	
부 채 총 계			102,287,702			89,684,076
자 본						
지배기업 소유주지분			267,670,331			254,915,472
Ⅰ. 자본금	18		897,514			897,514
1. 우선주자본금		119,467		119,467		
2. 보통주자본금		778,047		778,047		
Ⅱ. 주식발행초과금			4,403,893			4,403,893
Ⅲ. 이익잉여금	19		271,068,211			254,582,894
Ⅳ. 기타자본항목	20		(8,687,155)			(4,968,829)
Ⅴ. 매각예정분류기타자본항목	32		(12,132)			–
비지배지분	31		8,277,685			7,964,949
자 본 총 계			275,948,016			262,880,421
부 채 와 자 본 총 계			378,235,718			352,564,497

별첨 주석은 본 연결재무제표의 일부입니다.

재무상태표가 어떻게 구성되어 있는지 큰 그림을 이해했다면, 재무상태표의 정확한 표현을 배워보자.

이 회사 망할까, 안 망할까?
궁금할 땐 유동자산

유동자산(Current Assets)
1년 이내에 현금화 할 수 있는 자산

유동자산은 '너 현금 얼마나 있어?' 또는 '1년 안에 현금화할 수 있는 게 뭐가 있어?'라고 물어보는 것과 같다. 회사의 재무 안전성을 평가할 때 중요한 지표다.

여기서 잠깐, '유동성'이란 용어의 개념부터 확실히 알고 넘어가자. 유동성, 유동성 하니까 사람 이름인가 싶겠지만 회계에서 말하는 **유동성**은 기업이 갖고 있는 자산을 현금화할 수 있는 능력을 말한다. 쉽게 말해 현금으로 바꿀 수 있는 재산을 얼마나 갖고 있는지 나타내는 말이다. 현금화할 수 있는 자산이 많으면 '유동성이 풍부하다'라고 말하고, 반대일 때는 '유동성이 부족하다'라고 표현한다.

회사가 망하는 이유는 돈을 빌렸는데 이자도 못 주고 돈도 못 갚아서다. 수중에 현금이 한 푼도 없을 때, 이 상황을 '유동성이 악화됐다', '유동성 위기다'라고 말한다.

외환위기, 글로벌 금융위기, 코로나19 등으로 인한 경제 위기가 오면 유동성 위기를 겪는 기업을 많이 본다. 이때 현금이나 현금화할 수 있는 유동자산이 부족하면 회사는 망할 수 있다. 당장 갚아야 할 빚이 있는데 빚을 갚을 수 없기 때문이다.

빚이 없다면 회사는 망하지 않는다. 그러나 대부분의 회사는 빚이 있다. 단, 빚이 있어도 유동자산이 풍부하면 된다. 유동자산은 빚을 감당해주는 빛나는 자산이다.

유동자산을 보면 회사가 망할지 안 망할지 예측할 수 있다. 백종원 씨

주식회사 더본코리아 (단위 : 원)

과　　목	제 26 (당) 기		제 25 (전) 기	
자　　산				
Ⅰ. 유동자산		31,802,708,902		27,471,968,000
(1) 당좌자산		29,317,914,671		25,307,491,920
1. 현금및현금성자산	24,023,181,949		19,394,504,724	
2. 단기금융상품	-		2,025,000,000	
3. 매출채권(주석13)	3,579,375,415		3,073,281,352	
대손충당금	(266,913,389)		(392,530,447)	
4. 미수금(주석13)	137,941,850		115,795,190	
5. 미수수익(주석13)	342,375,315		303,745,613	
6. 선급금	561,734,509		29,879,423	
7. 선급비용	94,338,713		77,369,047	
8. 이연법인세자산(주석12)	845,880,309		680,447,018	
(2) 재고자산(주석14)		2,484,794,231		2,164,476,080
1. 상품	1,846,864,396		1,775,885,632	
2. 제품	377,456,882		243,982,503	
3. 원재료	246,405,913		120,284,745	
4. 저장품	14,067,040		24,323,200	

가 경영하는 더본코리아의 재무상태표를 보자. 유동자산은 크게 당좌
자산과 재고자산으로 분류한다. 유동자산에는 현금 및 현금성 자산, 단
기금융상품, 매출채권, 미수금 등이 있다. 빨리 현금화되는 유동성 배열
로 나열했다. 현금은 말 그대로 현금이니 가장 위에 있다.

곧 망할 회사인지 감별하는 지표, 유동비율

────

회사가 빚을 감당할 수 있는지 없는지 보려면, 회사에 당장 갚을 빚과
당장 현금화할 수 있는 자산을 비교하면 된다. 현금이 빚보다 많으면 상

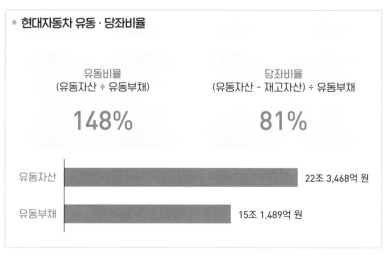

현대자동차 유동·당좌비율

유동비율
(유동자산 ÷ 유동부채)

148%

당좌비율
(유동자산 – 재고자산) ÷ 유동부채

81%

유동자산 ——————————— 22조 3,468억 원

유동부채 ———— 15조 1,489억 원

출처: 금융감독원, 2019년 말 기준

관 없지만 빚이 현금보다 많으면 문제다.

이를 직관적으로 보여주는 것이 유동비율과 당좌비율이다.

2019년 말 별도재무제표 기준으로 현대자동차의 유동비율은 148%, 당좌비율은 81%다. 유동비율과 당좌비율을 이해하지 못하면 이 내용을 봐도 현대자동차의 유동비율과 당좌비율이 좋다는 건지 나쁘다는 건지 도통 알 수 없다.

'100%를 넘으니까 좋은가 보네', 반대로 '100%를 넘어? 이거 나쁜가 보네' 이 정도는 알아야 한다.

먼저 유동비율을 이해해보자. **유동비율**은 회사의 단기유동성을 평가하는 지표로, 회사가 당장 갚아야 하는 빚을 감당할 수 있는지 알려준다. 유동비율을 계산하는 공식은 다음과 같다.

$$유동비율 = \frac{유동자산}{유동부채} \times 100$$

예를 들어 유동자산이 100억 원이고 유동부채가 50억 원이라면, 계산은 이렇다.

$$\frac{100억\ 원}{50억\ 원} \times 100 = 200\%$$

유동비율이 200% 이상이면 현금이 빚보다 2배 많다는 뜻이다. 이럴 때 '단기유동성이 양호하다'라고 표현한다. 문제는 당장 갚을 빚이 현금보다 많은 경우다. 예를 들어 유동자산이 50억 원이고 유동부채가 200억 원이라면?

$$\frac{50억\ 원}{200억\ 원} \times 100 = 25\%$$

유동비율이 25% 나온다. 당장 갚을 빚이 현금보다 4배 많다. 회사가 이 상황을 감당할 수 있을까? 당장 망할 수 있는 회사는 유동비율이 50% 미만인 경우가 많다. 물론 업종에 따라 다르다. 유동비율이 낮다면 유사 업종의 평균 유동비율과 비교해보자. 업종 평균보다 현저히 낮다면 문제가 심각한 것이다.

이자라도 잘 갚으면 좋을 텐데, 꼭 이런 회사들은 이자도 잘 내지 못한다. 이자를 못 내면 돈을 갚으라는 압박이 들어오고 이때 돈을 못 갚으면 결국 망하게 된다. 이렇듯 유동비율은 회사가 망할지 안 망할지 생존을 판단하는 중요한 지표다.

유동비율을 또 다른 표현으로 '은행가비율Banker's Ratio'이라고 한다. 은행가비율은 채권자 중 은행이 기업을 심사할 때 중요하게 체크하는 비율이라는 뜻이다. 당장 갚아야 할 빚도 못 갚는 기업에 돈을 빌려줄 수는 없지 않은가.

돈 갚을 능력을 평가하는 지표, 당좌비율

유동비율보다 더 엄격하게 돈 갚을 능력을 평가하는 지표가 있다. 바로 **당좌비율**이다. 당좌비율을 계산하는 공식은 다음과 같다.

$$당좌비율 = \frac{당좌자산}{유동부채} \times 100$$

당좌자산은 유동자산 중 회사가 마음만 먹으면 당장 현금화할 수 있는 자산이다. '당좌자산은 당장 현금화할 수 있는 자산!' 외우기 참 편하다. 당좌자산을 영어로 '퀵 애셋Quick Assets'이라고 한다. 얼마나 빠르게 현금화가 가능하면 퀵이겠는가.

앞에서 본 더본코리아의 재무상태표에서는 유동자산을 당좌자산과 재고자산으로 친절하게 나눠놨다. 하지만 모든 회사가 이렇게 친절하진 않다. 당좌자산은 유동자산에서 재고자산을 빼면 구할 수 있다. **재고자산**은 팔아서 돈 벌 목적으로 직접 만들거나 사 온 자산이다. 하지만 마음먹는다고 다 팔 수 있는 건 아니다. 골목길을 가다 보면 '사장님이 미쳤어요! 창고 대방출'이라고 크게 써서 붙인 포스터를 본 적이 있을 것이다. 안타깝지만 이렇게 재고떨이를 한다고 다 팔리진 않는다.

싸게 내놔도 팔리지 않는 의류 재고가 가득한 회사라면, 유동비율로 단기유동성 평가가 제대로 될까? 유동자산에 팔리지 않는 재고자산이 가득한데 말이다. 그래서 당좌비율은 당좌자산과 유동부채를 비교해서 본다. 마음만 먹으면 현금화할 수 있는 당좌자산으로 빚을 감당할 수 있는지 봐야 회사의 유동성을 보다 정확하게 평가할 수 있다.

당좌비율은 '산성시험 Acid Test'이라고도 한다. 리트머스 종이를 산성 용액에 넣으면 바로 색이 변하는 것처럼 당좌비율로 기업의 상태를 바로 확인할 수 있기 때문이다.

예를 들어 한 회사의 당좌자산이 100억 원이고, 유동부채도 100억 원이다. 계산하면 당좌비율은 100%(100억 원/100억 원×100)다. 이 말은 1년 안에 갚을 빚을 감당할 수 있는 현금자산이 수중에 있다는 이야기다. 그래서 당좌비율이 100% 이상이면 '단기유동성이 좋다'라고 표현한다. 반대로 당좌비율이 100% 미만이면 당좌자산보다 1년 안에 갚을 빚이 더 많다는 의미다. 회사의 당좌비율이 업종 평균 당좌비율보다 낮거나, 당좌비율이 30% 미만이면 위험하다. 단기유동성이 양호하려면 유동비율 200% 이상, 당좌비율 100% 이상이어야 한다. 단, 모든 업종에 해당하는 건 아니다. 우리나라를 대표하는 유통기업들의 2020년

12월 31일 연결기준 유동비율과 당좌비율을 살펴보자.

신세계의 유동비율은 67.85%이고, 당좌비율은 40.31%다. 현대백화점의 유동비율은 87.25%이고, 당좌비율은 33.10%다. 롯데쇼핑의 유동비율은 71.65%이고, 당좌비율은 54.52%다.

이 수치만 보고 '우리나라 유통기업들 문제 있는 거 아냐? 큰일이네!'라고 생각하면 안 된다. 백화점이나 대형마트 같은 소매 유통업종의 특성을 이해해야 한다. 소매 유통업종은 유동부채가 유동자산보다 크다. 고객들이 물건을 살 때 대부분 신용카드로 결제하기 때문이다. 2~3일이면 카드사로부터 현금이 입금되므로 매출채권이 적다. 또 백화점에 있는 대부분의 진열상품은 입점업체의 재고이므로 백화점 자체 재고자산은 적다. 유동자산 중 큰 비중을 차지하는 매출채권과 재고자산의 비중이 적은 것이다. 반대로 거래처에 대금을 지급하는 매입채무나 미지급금의 비중은 타업종에 비해 크므로 유동부채가 많다. 받을 돈은 빨리 받고 줄 돈은 늦게 주기 때문에 유동부채가 유동자산보다 크다. 따라서 타업종에 비해 유동비율과 당좌비율이 낮다.

도소매 유통업종의 특성을 이해했다면, 백화점이나 대형마트 같은 도소매 유통기업의 경우 유동비율 200% 이상, 당좌비율 100% 이상을 적용하면 안 된다는 사실을 기억해두자.

유동자산	1년 이내에 현금화할 수 있는 자산
당좌자산	유동비율보다 엄격하게 기업의 단기유동성을 평가하는 지표
유동비율	기업의 단기유동성을 평가하는 지표
당좌비율	유동자산 중 당장 현금화할 수 있는 자산, 유동자산에서 재고자산을 뺀 자산

회계 회화

은혁: 나 현금이 한 푼도 없어.

민정: 유동성 위기네! 유동성이 악화됐어!

은혁: 당근마켓에 안 쓰는 물건 몇 개 갖다 팔아야겠어.

민정: 너 유동자산이 많구나!

은혁: 은행에서 돈을 안 빌려줘.

민정: 유동비율이 평균보다 낮은가 보구나!

액션 플랜

전자공시시스템에서 관심 있는 기업의 재무제표를 검색한 후 유동자산과 당좌자산 금액을 확인하고, 유동비율과 당좌비율을 계산해보자.

이 회사 뭘 파는 거야?
모르겠으면 재고자산

재고자산(Inventories)
제품과 상품을 포함한 자산

회사는 제품을 팔거나 서비스를 제공해서 돈을 번다. 삼성전자는 반도체나 스마트폰을 만들어서 팔고, 아모레퍼시픽은 화장품을 만들어서 팔고, 기아는 자동차를 만들어서 판다. 이때 팔기 위해 직접 만들면 **제품**, 판매하기 위해 외부에서 만들어진 것을 사 오면 **상품**이라고 한다. 제조업의 경우 제품이 많고, 도소매 유통은 상품이 많다.

제품과 상품, 모두 재고자산이다. 그렇다면 완제품만 재고자산일까? 아니다. 제품을 만들기 위한 원재료, 제품 조립 중인 재공품(공장에서 생산과정에 있는 물품)이나 반제품, 소모품 등도 재고자산이다. 한마디로 소비자에게 팔리기 직전의 모든 것이 재고자산이다. 더 쉽게 이해할 수 있도록 삼성전자의 스마트폰을 예로 들어보겠다.

- 스마트폰을 만들기 위해 제조에 필요한 부품과 소모품을 현금 주고 사 왔다→재고자산
- 부품을 조립한다→재고자산
- 완제품을 만들어 차에 싣고 운반한다→재고자산
- 제품들로 매장을 예쁘게 전시했다→재고자산
- 제품이 카드 결제(외상)로 팔렸다→매출채권
- 카드결제대금이 입금됐다→현금

현금으로 제품을 만들어 팔면 재고자산(제품)은 사라지고 매출채권이 된다. 판매대금이 현금으로 들어오면 매출채권이 사라진다. 이렇게 회사에 현금이 들어오고 나가는 과정을 있어 보이는 표현으로 **영업순환과정**이라고 한다. 제품을 만들어 팔고 외상값을 받아내는 속도가 빠르면 '영업순환이 빠르네!'라고 표현한다.

그럼, 재고자산이 많으면 좋을까? 아니다. 팔려야 현금이 되는 만큼 적정 수준을 유지하는 게 가장 좋다. 이게 참 어렵다. 재고자산이 없으면 팔 수 없어 돈을 벌 기회를 놓치고, 재고자산이 많으면 현금이 부족하니 말이다. 반도체가 아무리 잘 팔려도 삼성전자는 재고자산을 타이트하게 관리한다. 이를 **적정 재고관리**라고 한다. 제품이 잘 팔린다고 많이 만들었다가 못 팔면 손해를 본다. 특히 반도체 기술은 매우 빠르게 발전

영업순환과정

현금 ➡ 재료 ➡ 제품 ➡ 매출채권 ➡ 현금

하기 때문에 신제품이 나오면 기존 제품은 금방 찬밥 신세가 되기 쉽다.

다시 정리해보자. 현대차에서 만든 자동차, LG전자가 만든 OLED TV, GS건설사에서 짓는 아파트 모두 재고자산이다. SBS 프로그램 〈백종원의 골목식당〉을 보면 백종원 씨가 자주 하는 말이 있다. "이 식당은 테이블 회전율이 낮네." 이 말은 '테이블 회전율이 높으면 장사가 잘된다는 거고, 낮으면 장사가 안 되니 큰일이유'라는 뜻이다. 마찬가지로 재고자산이 잘 팔리는지, 아니면 안 팔려서 쌓이는지 확인할 수 있는 지표가 있다. 바로 재고자산회전율이다.

재고자산이 팔리는 속도, 재고자산회전율

재고자산회전율은 재고자산이 팔리는 속도를 알려준다. 재고자산회전율이 높으면 높을수록 제품이 잘 팔린다는 의미고, 낮으면 낮을수록 안 팔려서 재고가 쌓여 있다는 의미다.

재고자산회전율을 구하는 공식은 다음과 같다.

$$재고자산회전율 = \frac{매출원가}{평균재고자산}$$

[매출액/평균재고자산]으로 구하는 방법도 있지만, 이 공식은 정확하지 않다. 재고자산이 팔리면 회계 처리상 매출원가가 된다. 따라서 매출원가로 구하는 게 더 정확한 계산 방법이다. 참고로 네이버 금융이나 에프앤가이드는 [매출액/평균재고자산]으로 계산한다. 매출원가가 아닌 매출액으로 재고자산회전율을 구하면 수치가 높게 나온다. 매출액이 매출원가보다 항상 크기 때문이다.

여기서 **평균재고자산**이란 올해 재고자산과 전년 말 재고자산을 더해서 2로 나눈 값이다. 삼성전자의 2019년 연결기준 재고자산회전율을 구해보자.

삼성전자의 2019년 연결기준 매출원가는 147조 2,395억 4,900만 원(147,239,549,000,000)이다.

연결 손익계산서
제 51 기 2019.01.01 부터 2019.12.31 까지
제 50 기 2018.01.01 부터 2018.12.31 까지
제 49 기 2017.01.01 부터 2017.12.31 까지

(단위 : 백만원)

	제 51 기	제 50 기	제 49 기
수익(매출액)	230,400,881	243,771,415	239,575,376
매출원가	147,239,549	132,394,411	129,290,661

(단위 : 백만원)

	제 51 기	제 50 기	제 49 기
자산			
유동자산	181,385,260	174,697,424	146,982,464
현금및현금성자산	26,885,999	30,340,505	30,545,130
단기금융상품	76,252,052	65,893,797	49,447,696
단기매도가능금융자산			3,191,375
단기상각후원가금융자산	3,914,216	2,703,693	
단기당기손익-공정가치금융자산	1,727,436	2,001,948	
매출채권	35,131,343	33,867,733	27,695,995
미수금	4,179,120	3,080,733	4,108,961
선급금	1,426,833	1,361,807	1,753,673
선급비용	2,406,220	4,136,167	3,835,219
재고자산	26,766,464	28,984,704	24,983,355
기타유동자산	2,695,577	2,326,337	1,421,060

삼성전자의 2019년 평균재고자산을 구해보자. 평균재고자산은 2019년 재고자산과 2018년 재고자산을 더한 뒤 2로 나누면 된다.

2019년 재고자산은 26조 7,664억 6,400만 원(26,766,464,000,000), 2018년은 28조 9,847억 400만 원(28,984,704,000,000)이다. 평균재고자산 공식에 대입하면 다음과 같다.

$$평균재고자산 = \frac{26,766,464백만\ 원 + 28,984,704백만\ 원}{2}$$

$$= 27,875,584백만\ 원$$

삼성전자의 2019년 연결기준 재고자산회전율을 공식에 대입해 구하면 5.28이 나온다.

$$재고자산회전율 = \frac{매출원가(147{,}239{,}549백만\ 원)}{평균재고자산(27{,}875{,}584백만\ 원)} = 5.28$$

재고자산회전율 5.28. 이렇게 말하면 전혀 감이 안 온다. 도대체 며칠 만에 재고자산이 팔린다는 걸까? 이럴 때 365일을 재고자산회전율로 나누면 쉽게 알 수 있다. 이것을 **재고자산회전일수**라고 한다.

$$\frac{365일}{5.28} = 69일$$

69일이니 두 달하고 1주일 정도면 갖고 있는 재고자산이 모두 팔린다는 말이다. 삼성전자는 가전도 팔고 반도체도 팔고 스마트폰도 팔아서 판매하는 제품별 재고자산회전율이 다르다. 아마 반도체만 따로 구한다면 재고자산회전율이 더 높지 않을까 싶다.

화장품 회사의 재고자산회전율, 제약회사의 재고자산회전율, 식품 회사의 재고자산회전율도 전부 다르다.

2020년 12월 31일 연결기준으로 LG생활건강의 재고자산회전율 (회전일수)은 3.81(96일), 제약회사인 유한양행의 재고자산회전율은

구분	재고자산회전율	재고자산회전일수
LG생활건강	3.81	96
유한양행	4.84	75
대상	6.29	58

4.84(75일), 식품회사 대상의 재고자산회전율은 6.29(58일)다.

　식품회사 대상의 재고자산이 약 2개월 만에 가장 빨리 팔리고, 화장품회사인 LG 생활건강의 재고자산은 3개월하고 1주일 정도로 가장 늦게 팔린다는 사실을 확인할 수 있다.

재고자산	•	•	제품과 상품을 포함한 자산
제품	•	•	재고자산이 팔리는 속도
상품	•	•	판매하기 위해 외부에서 만들어진 것을 사 오는 것
재고자산 회전율	•	•	팔기 위해 직접 만드는 것
재고자산 회전일수	•	•	가지고 있는 재고자산이 모두 팔리는 데 걸리는 일수

회계 회화

가영: 플리마켓에서 팔려고 빵을 만들었어.

하윤: 재고자산이 생겼네!

가영: 손님이 많이 올 줄 알고 재료를 잔뜩 샀는데, 손님이 안 와. 어떡하지?

하윤: 이런, 재고자산회전율이 낮아지겠네.

액션 플랜

★ ★ ★ ★ ★

관심 있는 기업의 재고자산 종류와 재고자산 금액, 재고자산회전율을 계산해 보자.

팔았으면 돈을 받아야지!
매출채권

매출채권(Account Receivable)
제품을 판매하거나 서비스를 제공하고 받을 외상대금

장사를 하는데 물건을 외상으로 팔았다. 물건만 팔면 될까? 아니다. 외상값을 받아야 돈을 버는 것이다. 여기서 말하는 외상값이 바로 **매출채권**이다. 물건을 팔거나 서비스를 제공했는데 돈을 제대로 받지 못하고 인심 좋게 모두 외상으로 처리하면 회사는 망한다.

매출채권은 물건을 팔면서 받아야 하는 돈이므로 반드시 현금으로 받아야 거래가 완료된다. 그런데 매출채권과 많이 헷갈리는 표현이 있다. 바로 미수금이다. 사실 매출채권과 미수금은 태생이 다르다. 예를 들어 삼성전자가 스마트폰을 외상으로 판매했을 때 받아야 할 돈은 매출채권이다. 삼성전자의 주된 영업활동 즉 스마트폰, 가전, 반도체 등을 팔아 매출이 발생했기 때문이다. 다시 말해 매출채권은 회사의 주된 영업활동으로 발생한 매출과 관련이 있다.

미수금은 다르다. 주된 영업활동이 아닌 거래를 통해 받을 돈이 발생할 경우 이것이 **미수금**이다. 삼성전자가 노후화된 프로젝터를 중고업체에 외상으로 팔았을 때 받을 돈, 이게 미수금이다. 삼성전자 건물에 임차한 사무실로부터 아직 임대료를 못 받았다면 이것도 미수금이다. 쉽게 말해 매출채권이 아닌 받을 돈은 전부 미수금이다.

매출채권과 미수금, 둘 다 받아야 할 외상값이다. 빈번하게 발생하는 외상거래지만, 회사에서 보면 주된 영업활동에서 비롯되는 매출채권이 미수금보다 훨씬 중요하다. 이젠 매출채권과 미수금을 혼동하지 말고 프로페셔널하게 사용하자.

> **매출채권**: 제품을 판매하거나 서비스를 제공하고 받을 외상대금
> 주된 영업활동에서 매출이 발생했을 때 받을 돈
> **미수금**: 주된 영업활동이 아닌 거래를 통해 받을 돈

회사 입장에선 현금이 빨리 도는 게 좋다. 그래서 매출채권을 현금으로 받는 과정은 무엇보다 중요하다. 돈을 못 받으면 회사가 망한다. 망하는 회사의 특징은 매출채권을 못 받아낸다는 것이다. 모든 직원이 매출채권 받는 일에 신경 쓰지 않으면 그 회사는 반드시 망한다. 따라서 매출채권 회수는 전 직원이 관심을 갖고 동참해야 한다.

현금으로 빨리 받아야 해, 매출채권회전율

매출채권을 현금으로 회수하는 속도를 표현할 때 **매출채권회전율**을 사용한다. 매출채권회전율이 높을수록 현금을 빨리 받아내고, 낮을수록 늦게 받아낸다는 의미다. 당연히 회전율은 높은 게 좋다. 매출채권회전율을 계산하는 공식은 다음과 같다.

$$\text{매출채권회전율} = \frac{\text{매출액}}{\text{평균매출채권}}$$

더본코리아는 매출채권을 현금으로 얼마나 빨리 받아낼까? 더본코리아의 2019년 손익계산서에서 매출액을 확인해보자.

매출액은 1,200억 9,080만 5,080원(120,090,805,080)이다.

손 익 계 산 서
제 26 기 2019년 1월 1일부터 2019년 12월 31일까지
제 25 기 2018년 1월 1일부터 2018년 12월 31일까지

주식회사 더본코리아 (단위 : 원)

과 목	제 26 (당) 기		제 25 (전) 기	
I. 매출액(주석13)		120,090,805,080		102,466,002,311
1. 제품매출	29,830,319,089		24,868,898,228	
2. 상품총매출	174,996,464,316		159,025,744,557	
상품매입원가	(96,217,470,822)		(91,002,113,933)	
3. 기타매출	11,481,492,497		9,573,473,459	

평균매출채권은 2019년 12월 말 재무상태표에서 구한다. 이때 주의해야 할 사항은 매출채권과 대손충당금을 합한 금액으로 매출채권 잔액을 구해야 한다는 것이다. 대부분의 회사는 보통 대손충당금을 반영한 매출채권 잔액을 보여주는데, 더본코리아는 총매출채권과 대손충당

주식회사 더본코리아 (단위 : 원)

과 목	제 26 (당) 기		제 25 (전) 기	
자 산				
Ⅰ. 유동자산		31,802,708,902		27,471,968,000
(1) 당좌자산		29,317,914,671		25,307,491,920
1. 현금및현금성자산	24,023,181,949		19,394,504,724	
2. 단기금융상품	-		2,025,000,000	
3. 매출채권(주석13)	3,579,375,415		3,073,281,352	
대손충당금	(266,913,389)		(392,530,447)	

금을 각각 보여준다.

여기서 잠깐! **대손충당금**이 뭘까? 이해하기 쉽게 예를 들면, 친구 중에 꼭 돈을 안 갚는 애들이 있다. 급하게 돈 쓸 일이 있다고 해서 10만 원을 빌려줬는데, 잊어버렸나 보다. 갚을 생각조차 하지 않는다. 아쉽지만, '아, 어쩌지…. 그냥 준 셈 쳐야 하나 봐'라고 생각하게 된다. 이때 못받게 되는 돈이 대손충당금이다.

회사도 받아야 할 돈을 못 받고 떼이는 경우가 있다. 한 회사에 매출채권 100만 원을 받을 게 있는데 항상 1만 원을 못 받았다면, 경험상 1만 원은 못 받을 거라고 가정하고 대손충당금을 미리 쌓는다. 따라서 총매출채권에서 대손충당금을 빼야 실제 받을 수 있는 매출채권 잔액이 나온다.

더본코리아의 매출채권 잔액을 구해보자.

2019년 말(26기) 매출채권
3,579,375,415원 - 266,913,389원 = 3,312,462,026원

2018년 말(25기) 매출채권
3,073,281,352원 - 392,530,447원 = 2,680,750,905원

우리는 평균매출채권을 구해야 하니 2019년 말(26기) 매출채권 잔액과 2018년 말(25기) 매출채권 잔액을 더한 후 2로 나누면 평균매출채권 잔액이 나온다. 평균매출채권 잔액은 29억 9,660만 6,465원(2,996,606,465)이다.

$$\frac{3,312,462,026원 + 2,680,750,905원}{2} = 2,996,606,465원$$

이제 매출채권회전율을 계산해보자.

$$\frac{매출액(120,090,805,080원)}{평균매출채권 잔액(2,996,606,465원)} = 40.07$$

매출채권회전율은 40.07이다. 40.07이면 매출채권을 받아내는 데 며칠이 걸린다는 걸까? 감이 안 온다. 그럴 땐 365일을 회전율로 나누면 회전일수를 구할 수 있다. 이것을 **매출채권회전일수**라고 한다.

$$\frac{365일}{40.07} = 9일$$

9일이니 1주일하고 이틀이면 현재 매출채권 잔액을 현금으로 받을 수 있다는 뜻이다.

계속해서 삼성전자와 LG전자의 매출채권회전율을 구해보자. 2020년 12월 31일 연결기준으로 삼성전자의 매출채권회전율은 7.11이고 LG전자의 매출채권회전율은 9.36이다.

구분	매출채권회전율	매출채권회전일수
삼성전자	7.11	51
LG전자	9.36	39

　　매출채권을 현금으로 회수하는 데 삼성전자는 51일, LG전자는 39일이 걸린다. LG전자가 삼성전자보다 돈을 받아내는 속도가 빠르다는 사실을 지표로 확인할 수 있다.

매출채권	·	·	매출채권을 현금으로 받아내는 데 걸리는 일수
매출채권 회전율	·	·	매출채권을 현금으로 회수하는 속도
매출채권 회전일수	·	·	제품을 판매하거나 서비스를 제공하고 받을 외상대금

회계 회화

도현: 회사 사정이 어렵다고 이번 달 월급을 일주일 늦게 준대.

채운: 매출채권 회수가 늦어지는군!

도현: 그러니까 오늘은 네가 쏴. 여기 떡볶이집은 현금만 받거든.

채운: 우와~ 매출채권회전율이 엄청 높겠어! 마치 내 혈압 같아!

점주: 고객님, 지난달 식권 외상값을 정산하지 않았어요.

고객: 사장님 카드 가져와서 매출채권 정산할게요.

액션 플랜

★ ★ ★ ★ ★

관심 있는 기업의 재무상태표에서 매출채권 잔액을 확인하고, 매출채권회전율을 구해보자.

04

투자자산은
회사의 투자수익

투자자산(Investment Assets)
회사가 여유자금으로 투자수익을 내려고 구입한 재테크용 자산

자산 중 비유동자산을 배울 차례다. 비유동자산은 현금화하는 데 1년 이상 걸리는 자산으로 투자자산, 유형자산, 무형자산이 있다. 비유동자산은 제조 또는 수주산업에 속한 기업에게 아주 중요한 자산이다. 돈을 벌어다 주는 핵심 자산이라 할 수 있다.

내가 열심히 일하고 번 돈, 그대로 놔둬도 괜찮을까? 금리가 높다면 은행에 고이 넣어 두고 따박따박 이자를 받는 것도 좋다. 하지만 세상이 그리 만만치 않다. 저금리 시대에 돈의 가치는 점점 떨어진다. 아파트 한 채를 사고 싶어도 아파트 가격은 무섭게 치솟고 내 월급은 코딱지만큼 오른다. 근로소득으로는 원하는 자산을 구입하기 어렵다.

'Cash is trash(현금은 쓰레기다)!'라고 하지 않았나. 지금은 누구나 재테크로 돈을 불려야 하는 시대다. 물론 재테크를 한다고 무조건 돈을 번다는 의미는 아니지만 말이다.

회사도 재테크를 한다

회사는 제품을 팔거나 서비스를 제공해서만 돈을 버는 게 아니다. 투자로도 돈을 번다. 재테크를 하는 회사는 공통적으로 투자자산을 갖고 있다. **투자자산**은 회사가 여유자금으로 투자수익을 내기 위해 구입한 자산이다. 제품을 만들기 위한 자산과 영업활동을 위한 자산은 유형자산이나 무형자산이지만, 투자자산은 오로지 재테크 수익을 내기 위한 자산이다.

그럼 회사는 어디에 투자할까? 우리는 대개 월급을 받으면 생활비로 쓰고 남은 돈을 그냥 통장에 두거나, 예·적금에 가입해 이자를 받는다. 좀 더 적극적인 사람은 주식이나 채권에 투자하거나, 연금저축 같은 금융상품에 가입한다. 요즘에는 비트코인 같은 암호화폐에 투자하기도 한다. 돈을 많이 모은 경우 상가건물을 구입해 임대수익을 내는 건물주에 도전하기도 한다.

회사도 마찬가지다. 주식이나 채권에 투자하고, 건물을 구입해 임대수익을 낸다. 회사의 투자자산에는 예금, 적금, 주식, 채권, 금융상품

본문 2021.03.09 사업보고서 　　∨　　첨부 +첨부선택+　　∨

문서목차

- 사 업 보 고 서
- [대표이사 등의 확인]
- I. 회사의 개요
  - 1. 회사의 개요
  - 2. 회사의 연혁
  - 3. 자본금 변동사항
  - 4. 주식의 총수 등
  - 5. 의결권 현황
  - 6. 배당에 관한 사항 등
  - 7. 정관에 관한 사항
- II. 사업의 내용
- III. 재무에 관한 사항
  - 1. 요약재무정보
  - 2. 연결재무제표
  - 3. 연결재무제표 주석
  - 4. 재무제표
  - 5. 재무제표 주석
  - 6. 기타 재무에 관한 사항
- IV. 이사의 경영진단 및 분석의견
- V. 감사인의 감사의견 등
- VI. 이사회 등 회사의 기관에 관한 사
  - 1. 이사회에 관한 사항
  - 2. 감사제도에 관한 사항
  - 3. 주주의 의결권 행사에 관한 사
- VII. 주주에 관한 사항
- VIII. 임원 및 직원 등에 관한 사항
  - 1. 임원 및 직원 등의 현황
  - 2. 임원의 보수 등
- IX. 계열회사 등에 관한 사항
- X. 이해관계자와의 거래내용
- XI. 그 밖에 투자자 보호를 위하여 필
- [전문가의 확인]
  - 1. 전문가의 확인

2. 연결재무제표

연결 재무상태표

제 52 기　2020.12.31 현재
제 51 기　2019.12.31 현재
제 50 기　2018.12.31 현재

(단위 : 백만원)

	제 52 기	제 51 기	제 50 기
자산			
유동자산	198,215,579	181,385,260	174,697,424
현금및현금성자산	29,382,578	26,885,999	30,340,505
단기금융상품	92,441,703	76,252,052	65,893,797
단기상각후원가금융자산	2,757,111	3,914,216	2,703,693
단기당기손익-공정가치금융자산	71,451	1,727,436	2,001,948
매출채권	30,965,058	35,131,343	33,867,733
미수금	3,604,539	4,179,120	3,080,733
선급비용	2,266,100	2,406,220	4,136,167
재고자산	32,043,145	26,766,464	28,984,704
기타유동자산	3,754,462	4,122,410	3,688,144
매각예정분류자산	929,432	0	0
비유동자산	180,020,139	171,179,237	164,659,820
상각후원가금융자산	0	0	238,309
기타포괄손익-공정가치금융자산	12,575,216	8,920,712	7,301,351
당기손익-공정가치금융자산	1,202,969	1,049,004	775,427
관계기업 및 공동기업 투자	8,076,779	7,591,612	7,313,206
유형자산	128,952,892	119,825,474	115,416,724
무형자산	18,468,502	20,703,504	14,891,598
순확정급여자산	1,355,502	589,832	562,356
이연법인세자산	4,275,000	4,505,049	5,468,002
기타비유동자산	5,113,279	7,994,050	12,692,847
자산총계	378,235,718	352,564,497	339,357,244

등이 있다. 허나 막상 재무상태표에서 투자자산을 찾으려면 쉽지 않다. 무슨 보물찾기처럼 꼭꼭 숨겨 놨다. 쉽게 찾는 팁을 주자면, 재무상태표에서 '금융상품, 금융자산, 투자' 이런 단어가 들어가면 투자자산이다.

삼성전자의 연결재무상태표를 보자. 유동자산에 단기금융상품, 단기상각후원가금융자산, 단기당기손익-공정가치금융자산이 있다. 비유동자산에는 상각후원가금융자산, 기타포괄손익-공정가치금융자산, 당기손익-공정가치금융자산, 관계기업 및 공동기업 투자가 있다.

'금융상품, 금융자산, 투자' 단어가 들어간 용어들이 바로 눈에 띈다.

용어를 하나하나 이해하려면 머리가 깨질 듯 아프지만, 금융과 투자 단어가 들어가면 '아! 이게 투자자산이구나'라고 단순하게 생각하자. 회사가 재테크 수익을 낼 목적으로 투자한 자산이다.

우리는 지금 비유동자산 중에서 투자자산을 배우고 있는데, 유동자산에도 투자자산이 있다. 그렇다. 1년 안에 현금화할 수 있는 투자자산은 유동자산에 속한다. 비유동자산에만 투자자산이 있다고 생각하지 말자. 융통성 있게 생각하자.

단어에 '단기'라는 말이 붙으면 '1년 이내에 수익을 보겠다'라는 뜻이고, '장기'라는 말은 '장기적으로 수익을 내겠다'라는 의미다. 그래서 단기투자자산은 유동자산에, 장기투자자산은 비유동자산에 속한다.

지분율에 따라 투자자산이 달라진다

회사의 주식투자에 대해 좀 더 알아보자. 주식투자는 매매차익을 노리거나 배당금을 받아 수익을 내는 단순 투자 목적도 있지만, 다른 회사를 지배하거나 경영권을 가져올 목적으로도 투자한다. 드라마에 많이 나오지 않는가.

"임시주주총회가 얼마 안 남았습니다", "현재 우리 편 지분율이 어떻게 되지?" "김상무는 어떻게 하기로 했어!"라는 대사를 들어본 적이 있을 것이다.

가지고 있는 주식을 **지분**이라고 한다. 회사를 지배하려면 지분이 많아야 한다. '지분율이 50%를 넘는다' 혹은 '지분을 50.1% 이상 갖고 있다'라고 한다면 해당 회사를 우리 회사의 자회사로 만들 수 있다. 앞서 언급했듯 회계에서 자회사는 종속기업이다. '내가 널 지배하겠어. 넌 내게 종속됐어'라는 의미다. 대주주는 기업의 재무정책이나 영업정책 등 경영의 방향을 결정할 수 있는 지배력, 쉽게 말해 실질적인 영향력을 인정받는다.

지분이 꼭 50%를 넘지 않아도 가능하다. '내가 최대주주다! 나 빼고는 다 쪼꼬미 주주야!' 이럴 경우 회사를 지배할 수 있다. 지배하게 되면 지배기업과 종속기업은 한 몸이 된다. 종속기업의 자산, 부채, 자본, 매출, 비용 모든 게 지배기업의 것이 된다. 앞서 배운 연결기준을 생각하면 된다. 그런데 지분이 20~50% 사이라면 종속기업이 아니라 관계기업이 된다. 완전 지배는 하지 못하더라도 '너 나랑 관계있다!' 정도의 유의적인 영향력을 인정받는다. **유의적인 영향력**이란 기업의 경영 의사결정에 참여할 수 있는 권리를 말한다. 관계기업의 모든 것이 내 것은 아니지만, 관계기업의 순이익을 내가 가진 지분만큼 영업외수익으로 가져올 수 있다.

친구가 치킨집을 차렸는데 내 지분이 20%다. 장사가 잘돼 한 달에 1,000만 원의 이익을 남긴다. 이때 나의 수익은 얼마일까? 내가 가진 20%의 지분만큼, 즉 200만 원이 내 소유다. 관계기업이 100억 원의 순이익을 낼 때 내 지분율이 50%라면 50억 원을 내 영업외수익으로 당겨올 수 있다. 이것을 **지분법적용투자수익** 또는 **관계기업 및 공동기업 투자 관련 이익**이라고 한다. 참 이름도 길다. 지분을 나와 다른 사람이 각

각 50%씩 보유할 경우 공동지배력을 갖고 있다 해서 **공동기업**이라 한
다. 공동경영 즉, 동업을 한다는 뜻이다.

　자, 그럼 공동기업과 종속기업, 두 가지 형태를 통해 투자자산의 차
이를 살펴보자. 먼저 동서의 사업보고서를 보자. 투자자산 중 지분법적
용투자주식이 있다. 어떤 회사의 주식을 갖고 있을까? 바로 우리가 매일
마시는 그 커피. 맥심으로 유명한 동서식품의 지분을 50% 갖고 있다. 동
서식품은 동서의 공동기업이다. 동서는 동서식품 당기순이익의 50%를
자사 손익계산서에 지분법적용투자수익으로 당겨올 수 있다. 이 부분
은 손익계산서 표현에서 자세히 다룰 예정이다.

　뒤에 있는 SK텔레콤의 사업보고서를 보자. SK하이닉스의 지분
20.1%를 갖고 있다. SK하이닉스는 SK텔레콤의 관계기업이다. 그래서
SK하이닉스의 순이익에서 20.1%를 SK텔레콤의 관계기업 및 공동기

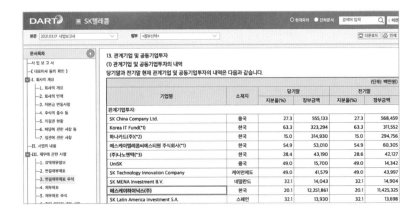

업 투자 관련 이익으로 가져올 수 있다.

이번에는 지분율이 50%를 넘는 종속기업을 보자. 아래에 있는 사업보고서를 보면 신세계의 종속기업을 확인할 수 있다. 이 기업들은 신세계의 연결재무제표를 만들 때 한 몸으로 묶인다. 예를 들어 신세계인터

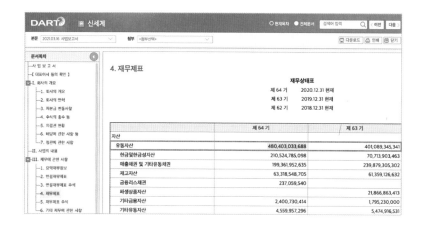

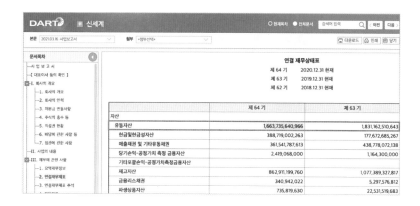

내셔날이나 신세계디에프의 자산, 부채, 자본, 매출, 비용 모두 신세계와 하나가 된다. 관계기업은 순이익만 연결되는데, 종속기업은 모든 게 모회사, 즉 지배기업의 것이 된다. 이것이 가장 큰 차이점이다.

신세계의 별도재무상태표에서 자산을 보자. 유동자산이 4,804억 원이다. 신세계와 종속기업을 합친 연결재무상태표를 보면 유동자산은 1조 6,637억 원이다. 연결의 힘이다.

DART🌀 ㈜ 조광피혁

본문 *본문선택* ∨   첨부 2021.03.18 감사보고서 ∨   다운로드 인쇄

문서목차
- 감 사 보 고 서
- 독립된 감사인의 감사보고서
- ㈜(첨부)재 무 제 표
  └ 주석
- 내부회계관리제도 감사 또는 검토의견
- 외부감사 실시내용

(3) 당기말과 전기말 현재 지분증권의 장부금액과 공정가치의 내역은 다음과 같습니다.

(단위:천원)

구 분	보유주식수 (주)	지분율 (%)	취득원가	제 55(당) 기말		제 54(전) 기말	
				장부금액	공정가치	장부금액	공정가치
시장성있는 주식							
㈜포스코	16,336	0.02%	6,173,279	4,443,392	4,443,392	3,863,464	3,863,464
㈜광주신세계	37,752	2.36%	9,044,255	5,776,056	5,776,056	6,191,328	6,191,328
㈜산영외코루	3,696	0.41%	435,212	386,232	386,232	543,000	543,000
삼양통상㈜	182,500	6.08%	4,748,035	11,442,750	11,442,750	10,931,750	10,931,750
대한제분㈜	13,318	0.79%	2,037,040	2,210,788	2,210,788	1,077,635	1,077,635
디티알오토모티브	-	0.00%	-	-	-	429,831	429,831
동아타이어	16,149	0.12%	147,910	159,552	159,552	229,858	229,858
Berkshire Hathaway Inc.	250	0.03%	71,718,981	94,605,680	94,605,680	92,789,843	92,789,843
Apple Inc	297,268	0.01%	12,607,250	42,915,689	42,915,689	22,852,973	22,852,973
Vanguard S&P 500	6,303	0.00%	1,620,048	2,356,912	2,356,912	1,939,447	1,939,447
기타	2,046,578	0.00%	19,854,434	36,309,960	36,309,960	24,684,971	24,684,971
소 계	2,620,150		128,386,444	200,607,011	200,607,011	165,534,100	165,534,100

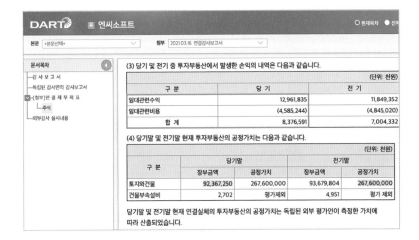

DART🌀 ㈜ 엔씨소프트

본문 *본문선택* ∨   첨부 2021.03.16 연결감사보고서 ∨

문서목차
- 감 사 보 고 서
- 독립된 감사인의 감사보고서
- ㈜(첨부)연 결 재 무 제 표
  └ 주석
- 외부감사 실시내용

(3) 당기 및 전기 중 투자부동산에서 발생한 손익의 내역은 다음과 같습니다.

(단위: 천원)

구 분	당 기	전 기
임대관련수익	12,961,835	11,849,352
임대관련비용	(4,585,244)	(4,845,020)
합 계	8,376,591	7,004,332

(4) 당기말 및 전기말 현재 투자부동산의 공정가치는 다음과 같습니다.

(단위: 천원)

구 분	당기말		전기말	
	장부금액	공정가치	장부금액	공정가치
토지와건물	92,367,250	267,600,000	93,679,804	267,600,000
건물부속설비	2,702	평가제외	4,951	평가 제외

당기말 및 전기말 현재 연결실체의 투자부동산의 공정가치는 독립된 외부 평가인이 측정한 가치에 따라 산출되었습니다.

회사를 지배하기 위해서가 아니라 단순 투자 목적으로 투자하기도 한다. 조광피혁은 총자산 중 상장기업 주식이 절반에 달한다. 주석을 찾아보니 미국 주식에도 투자했다. 투자의 신 워런 버핏이 이끄는 버크셔 해서웨이 주식도 보유했다.

임대수익을 내기 위한 투자부동산도 있다. 나뿐 아니라 모든 이들도

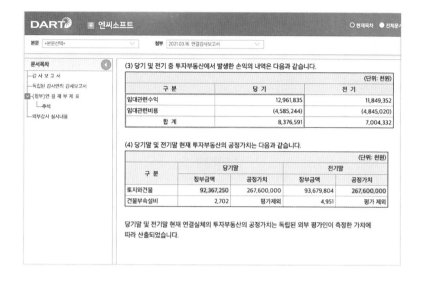

(3) 당기 및 전기 중 투자부동산에서 발생한 손익의 내역은 다음과 같습니다.

(단위: 천원)

구 분	당 기	전 기
임대관련수익	12,961,835	11,849,352
임대관련비용	(4,585,244)	(4,845,020)
합 계	8,376,591	7,004,332

(4) 당기말 및 전기말 현재 투자부동산의 공정가치는 다음과 같습니다.

(단위: 천원)

구 분	당기말		전기말	
	장부금액	공정가치	장부금액	공정가치
토지와건물	92,367,250	267,600,000	93,679,804	267,600,000
건물부속설비	2,702	평가제외	4,951	평가 제외

당기말 및 전기말 현재 연결실체의 투자부동산의 공정가치는 독립된 외부 평가인이 측정한 가치에 따라 산출되었습니다.

부러워하지 않을까. 엔씨소프트 연결감사보고서를 보자.

엔씨소프트가 924억 원(장부금액)에 산 투자부동산의 시세가 2020년 말 기준 2,676억 원(공정가치)이다. 그리고 투자부동산에서 나오는 임대수익이 129억 원, 비용은 45억 원으로 투자부동산에서만 약 84억 원의 순수익이 나온다. 기가 막히고 코가 막히게 좋지 않은가.

투자자산	지분율을 각각 50%씩 보유해 공동지배력을 갖는 기업
지분	가지고 있는 주식
공동기업	회사가 여유자금으로 투자수익을 내려고 구입한 재테크용 자산

회계 회화

아들: 아버지, 제게 투자 좀 하시죠.

아버지: 내가 왜? 네가 무슨 가치가 있다고 투자를 하니?

아들: 아버지의 비상금으로 제게 투자를 하신다면 어머니 몰래 투자수익을 창출해드리겠습니다.

아버지: 네가 투자자산이라도 된단 말이냐!

아들: 아버지의 재테크 수익 증가에 기여하는 자산이 되겠습니다. 믿어보시죠?

아버지: 그렇구나. 하지만 때가 아니구나. 너에게 투자를 한다면 유동성 위기가 와서 엄마에게 강제로 회생절차를 밟을 수 있기 때문이야.

액션 플랜

★ ★ ★ ★ ★

관심 있는 기업의 재무상태표에서 투자자산을 확인해보자.

눈에 보이고 손에 잡히는
유형자산

유형자산(Tangible Assets)
영업활동에 사용하고자 구입한 자산

  '앞에서 배운 유동자산과 비슷한 거 아닌가?' 이렇게 생각했다면, 찬바람 좀 쐬고 오자. 유동자산은 1년 안에 현금화할 수 있는 자산이고, 비유동자산은 1년 이상은 지나야 현금화할 수 있는 자산이다. 지금 배울 유형자산은 비유동자산에 속하는 자산이다.

  삼성전자는 반도체를 만들려면 공장이 필요하다. 공장을 짓기 위해선 토지와 건물뿐 아니라 다양한 기계 장치와 비품 등을 구입해야 한다. 이처럼 영업활동에 사용하고자 구입한 자산을 **유형자산**이라고 한다. 즉, 눈에 보이는 자산이다.

유형자산에는 토지, 건물, 기계 장치, 공기구 비품, 기타 유형자산 등 다양한 종류가 있다. 이 중에서 토지와 건물은 한국 사람들이 참 좋아하는 유형자산이다. 기계 장치는 제품을 만들기 위해 꼭 필요한 생산 장치, 가공 장치, 냉동 장치 등을 말한다. 공기구 비품은 컴퓨터, 집기 등 사무용 비품이다.

유형자산은 회사에 돈을 벌어다 주는 원천이다. 영업활동에 반드시 필요한 자산이다. 특히 제조 또는 수주산업에 속한 기업은 직접 제품을 만들기 때문에 공장 같은 유형자산이 꼭 필요하다. 유형자산의 크기가 곧 시장을 리드하는 힘이라고 생각해도 좋다.

반도체가 아무리 전도유망한 분야라 해도 아무나 할 수 있는 건 아니다. 공장 라인을 하나 새로 만드는 데만 수조 원의 비용이 든다. 삼성전자나 현대자동차, SK하이닉스 등 우리나라를 대표하는 제조회사가 투자를 발표한다면 대부분 유형자산 투자를 말하는 것이다. 국내 또는 해외에 공장을 짓거나 공장 규모를 확장해 생산능력을 높이는 투자다.

유형자산은 가치가 자꾸자꾸 떨어져!

용인에 있는 에버랜드에 가본 적이 있는가? 사파리가 참 멋있는데, 갑자기 이런 생각이 들었다. 에버랜드 사파리에 있는 동물은 유형자산일까? 궁금해서 에버랜드의 유형자산 내역을 살펴봤다. 참고로 에버랜드는 삼성물산의 사업이므로 삼성물산의 유형자산 내역을 살펴보면 된다.

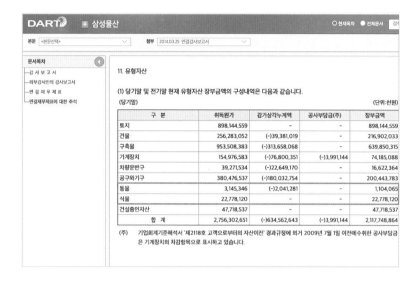

오! 있다. 동물! 유형자산이 맞다.

동물 취득원가가 31억 원, 감가상각누계액이 20억 원, 장부금액이 11억 원이다. 동물을 31억 원에 샀고, 지금까지 감가상각을 20억 원 먹었고, 현재 장부금액으로 11억 원이란 뜻이다. 그럼 11억 원만 있으면 사파리의 모든 동물을 살 수 있을까? 아니다. 시장에는 시장가치라는 게 존재하기 때문이다. 현재 장부금액이 꼭 시장가치란 보장은 없다.

유형자산을 이해할 때 **감가상각**이란 표현은 꼭 익혀야 한다. 유형자산은 물리적 실체가 있기 때문에 사용하면 할수록 노후화된다. 사용할 수 있는 기간, 즉 수명이 있다. 인간처럼 말이다. 이것을 **내용연수**라고 한다. 수명이 다하면 새 걸로 바꿔줘야 한다.

보안회사 에스원의 2021년 연결감사보고서에서 주석 항목의 유형자산 내용연수를 살펴보자.

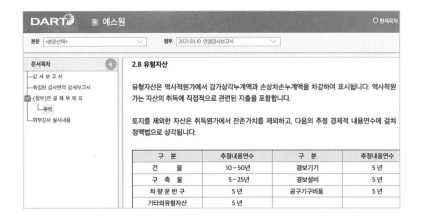

2.8 유형자산

유형자산은 역사적원가에서 감가상각누계액과 손상차손누계액을 차감하여 표시됩니다. 역사적원가는 자산의 취득에 직접적으로 관련된 지출을 포함합니다.

토지를 제외한 자산은 취득원가에서 잔존가치를 제외하고, 다음의 추정 경제적 내용연수에 걸쳐 정액법으로 상각됩니다.

구 분	추정내용연수	구 분	추정내용연수
건 물	10~50년	경보기기	5 년
구 축 물	5~25년	경보설비	5 년
차 량 운 반 구	5 년	공구기구비품	5 년
기타외유형자산	5 년		

에스원은 보안회사이므로 보안요원들이 이용하는 차량과 경보기기 및 설비가 중요한 유형자산이다. 건물과 구축물을 제외하고 대부분 수명을 5년으로 추정하고 있다. 내용연수를 배웠으니 감가상각비를 계산하는 방법을 배워보자. 예를 들어 200만 원을 주고 산 노트북은 5년이라는 수명, 즉 내용연수가 있다. 200만 원을 주고 샀다 해서 손익계산서에 노트북 구입비 200만 원을 기록하는 게 아니다. 5년 동안 이 노트북을 사용해 수익을 내야 하기 때문에 유형자산에 넣는다. 수명을 5년이라 했으니 계산하면, 1년에 40만 원씩 가치가 감소한다.

$$\frac{2,000,000원}{5년} = 400,000원$$

이렇게 감가상각을 계산한다. 따라서 노트북을 구입한 금액 200만 원은 취득원가가 되고, 1년에 40만 원씩 감가상각비가 발생한다. **감가상각누계액**은 감가상각비가 쌓인 금액이다.

가. 유형자산의 주요 변동 내역(단위:원)

(1) 당기

구 분	토 지	건 물	구축물	정보기기	정보설비	차 량	공기구비품	건설중인자산	계
기초총장부금액	52,017,102,105	84,702,358,622	10,015,272,055	910,327,591,911	27,030,682,316	1,347,433,857	73,362,413,205	1,624,110,000	1,160,426,964,071
상각/감가누계액		(30,223,919,170)	(7,144,642,124)	(563,567,281,418)	(25,699,655,568)	(1,113,512,591)	(62,443,621,313)		(690,192,632,184)
순장부금액	52,017,102,105	54,478,439,452	2,870,629,931	346,760,310,493	1,331,026,748	233,921,266	10,988,791,892	1,624,110,000	470,234,331,887
취득				131,051,743,892	522,389,761		1,205,689,222	6,863,825,844	139,643,578,719
처분/제거				(2,161,988,556)			(96,704,543)		(2,258,693,099)
감가상각		(1,763,237,107)	(399,317,800)	(123,741,515,062)	(662,855,287)	(69,461,392)			(30,594,884,011)
계정대체							764,448,044	(8,222,947,844)	(7,458,499,800)
환산차이				12,923,824		(2,552,240)			10,011,091
기말총장부금액	52,017,102,105	84,702,358,622	10,015,272,055	942,811,820,507	27,573,499,234	1,343,684,681	74,417,020,198	264,988,000	1,193,345,745,402
상각/감가누계액		(31,987,156,277)	(7,543,959,924)	(590,903,268,740)	(26,370,034,188)	(1,181,777,047)	(65,583,723,439)		(723,569,900,675)
순장부금액	52,017,102,105	52,715,202,345	2,471,312,131	351,908,550,767	1,203,485,046	161,907,634	8,833,296,759	264,988,000	469,575,844,787

그럼 4년 후 노트북의 장부금액을 구해보자. 취득원가 200만 원 – 감가상각누계액 160만 원(40만 원 × 4년) = 40만 원이 된다. 손익계산서에 1년에 40만 원씩 5년 동안 감가상각비가 반영된다.

감가상각누계액이 있어야 지금까지 얼마의 감가상각비가 발생했는지 알 수 있고, 이를 통해 장부가액을 계산할 수 있다. 우리가 재무상태표에서 보는 유형자산 금액은 감가상각비가 반영된 장부금액이다.

유형자산 중 감가상각이 발생하지 않는 자산이 있다. 바로 토지와 건설 중인 자산이다. 토지 위에 아무리 건물을 지어도 부수면 토지는 그대로 있다. 또 시간이 지나도 가치가 떨어지지 않는다. 그래서 감가상각을 먹지 않는다. (결론은 토지인가!) 식물도 토지와 마찬가지로 시간이 지나도 가치가 떨어지지 않기 때문에 감가상각을 먹지 않는다.

건설 중인 자산 역시 마찬가지다. 예를 들어 공장이나 사옥을 짓고 있다면 해당 공장이나 사옥은 당연히 아직 사용하지 않았다. 사용해야 가치가 떨어지지 않겠나. 그래서 건설 중인 자산도 감가상각을 반영하지 않는다. 완공되면 비로소 건설 중인 자산에서 건물이나 구축물 등 자산으로 대체되고, 그때부터 감가상각을 반영한다.

유형자산손상차손이란?

───

유형자산손상차손이란 표현이 있다. 예를 들어 제품을 생산하기 위해 10억 원짜리 기계 장치를 구매했다. 내용연수는 10년이고, 1년 감가상각비로 1억 원씩 반영했다. 5년이 지나자 불황이 와서 주문과 판매가 급감했다. 이때 기계 장치의 장부가액은 '취득원가 10억 원 – 감가상각누계액 5억 원=5억' 원이 된다.

그런데 앞으로 기계 장치를 통해 벌 수 있는 돈이 1억 원이라고 가정한다면, 당신은 어떻게 하겠는가? 기계 장치를 시장에 팔겠는가? 아니면 계속 운영해 돈을 벌겠는가?

선택을 하기 전에 분명 처분할 때와 처분하지 않을 때 벌 수 있는 돈을 비교할 것이다. 처분할 경우 받을 돈이 5,000만 원 이하라면 팔지 않는 것이 이득이다. 이때 기계 장치로 벌어들일 1억 원이 기계 장치의 장부금액이 되므로, 원래 기계 장치의 장부가액이었던 5억 원과 비교했을 때 4억 원 차이가 난다. 이처럼 유형자산의 미래 가치가 장부금액보다 현저히 낮아질 가능성이 있을 경우 기존 장부가액(5억 원)과 회수가능금액(1억 원)의 차이분(-4억 원)을 반영해 장부가액(1억 원)을 결정하고 손익계산서에 손실(-4억 원)로 처리하는 것을 **유형자산손상차손**이라고 한다.

유형자산	영업활동에 사용하고자 구입한 자산, 그렇지만 물리적 실체가 있어서 사용하면 할수록 노후화되는 자산
감가상각	감가상각비가 쌓인 금액
감가상각 누계액	유형자산이 노후화되며 가치가 감소하는 부분을 비용으로 반영하는 것
유형자산 손상차손	유형자산의 미래 가치가 장부금액보다 현저히 낮아질 경우 손익계산서에 손실로 비용을 반영하는 것

회계 회화

윤대리: 자랑 하나 할까? 나 청약에 당첨됐어!

서대리: 대박! 투자자산이 증가했네.

윤대리: 투자자산? 에이~ 우리 가족 평생 살려고 산 거야. 유형자산이지.

서대리: 어떻게 유형자산이냐?

윤대리: 왜? 내가 직장에 다니며 돈을 벌 수 있게 주거를 제공하잖아. 투자자산이 되려면 남한테 내주고 월세를 받아야지.

서대리: 하긴. 너 월세 살 때 집주인이 월세 올린다고 스트레스받고, 이곳저곳 옮겨 다니느라 이사비용도 들었는데 그거 안 내니까 다 이익이네. 유형자산 인정!

액션 플랜

★ ★ ★ ★ ★

관심 있는 기업의 유형자산 내역과 감가상각을 확인해보자.

안 보여도 열일하는
무형자산

무형자산(Intangible Assets)
영업활동에 필요한, 그러나 눈에 보이지 않는 자산

무형자산은 유형자산과 달리 물리적 실체가 없다. 그래서 보이지 않고, 만질 수 없다. 유형자산과 동일하게 영업활동에 필요한 자산인데 만질 수 없다니 이상하지 않은가? 그런데 점점 더 무형자산이 중요해지는 시대로 가고 있다. 우리 주변을 둘러보자. 자기만의 노하우, 스타일, 기술로 성공한 사람이 있다. 흔히 '셀럽'이라 불리는 사람들로 걸어 다니는 무형자산이라 할 수 있다.

4차 산업혁명으로 기업의 브랜드 가치, 고객의 충성도, 핵심 인력의 역량 등 무형자산의 가치가 굉장히 중요해지고 있다.

무형자산이 궁금해

재무제표에 반영되는 무형자산에는 어떤 것이 있을까? 산업재산권, 개발비, 소프트웨어, 회원권, 영업권 등이 있다. 산업재산권은 삼성전자와 애플 간 특허 전쟁을 생각하면 이해하기 쉽다. 특허를 등록해 우리 회사만의 기술력을 보장받는데, 그걸 침해했다는 게 이 전쟁의 쟁점이었다. 이처럼 특허권, 의장권, 디자인권, 실용신안권 등이 산업재산권이다. 점점 중요해지고 있는 무형자산의 일종이다.

개발비는 상품으로 출시하기 위해 들어간 돈을 말한다. 단어가 '비'로 끝나서 손익계산서에 기록하는 비용이 아닌가 싶지만, 연구와 개발을 구분해야 한다.

연구는 상품과 다르게 기초적인 것에 대해 고민하는 일이다. 철강회사인 포스코를 예로 들면 '더 단단한 철을 만들기 위한 연구' 같은 개념이다. 연구에 쓴 돈은 바로 비용처리한다. **비용처리**란 손익계산서에 비용으로 반영돼서 회사의 이익에 영향을 끼치는 걸 말한다.

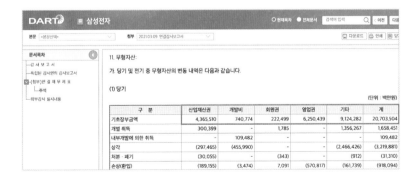

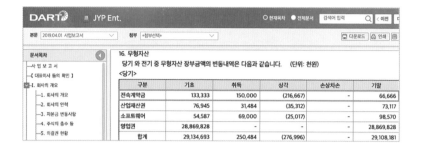

반면 개발은 수익을 내는 상품으로 출시하기 위한 것으로, 이때 쓴 비용은 일종의 투자라 할 수 있다. 예를 들어 삼성전자가 새로운 스마트폰을 출시한다고 가정해보자. 이 모델의 경쟁력 향상을 위해 새로운 기술을 도입하는 데 돈을 썼다면 무형자산 중 개발비로 본다. 회사에 돈을 벌어다 줄 용도이므로 비용이 자산이 되는 것이다. 그런데 개발비는 점점 중요해지고 있다. 특히 요즘 뜨고 있는 제약과 바이오 분야에서 더 중요한 자산이다. 제약과 바이오는 신약 또는 바이오시밀러(복제약) 개발에 열을 올린다. 개발에 성공해야 돈을 벌 수 있는 구조이기 때문이다. 개발과 상관없는 비용까지 무형자산 개발비로 처리해 이익을 조작한 회사들이 있다. 이런 부정을 사전에 차단하기 위해 2018년 11월 금융위원회에서 엄격한 회계지침을 마련했다.

회원권은 접대나 직원 복지를 위한 것으로 골프장, 콘도 회원권 등이다. 예전에는 삼성에 다니는 친구가 있으면 에버랜드나 캐리비안베이를 직원 친구 찬스로 공짜 혹은 싸게 갈 수 있었다.

영업권은 회사를 인수할 때 주는 프리미엄의 일종, 즉 웃돈으로 이해하면 쉽다. 예를 들어 가게를 차릴 때 이미 영업이 잘되는 가게를 인수하려면 권리금을 줘야 한다. 그게 영업권이다.

기타 무형자산은 산업재산권, 개발비, 회원권, 영업권에 속하지 않는 무형자산이다. 참고로 엔터테인먼트 회사는 특별한 무형자산이 있다. 바로 전속계약금이다. JYP 엔터테인먼트의 전속계약기간은 3년이다. 3년마다 전속계약금액이 달라질 수 있다는 말이다. 좋아하는 아티스트의 전속계약금이 궁금하다면 해당 엔터테인먼트 회사의 무형자산에서 전속계약금을 확인해보자.

감가상각비 대신 무형자산 상각비

유형자산은 노후화되면서 가치가 감소하는 부분을 비용으로 인식하는 감가상각비가 있지만, 무형자산은 실체가 없으니 노후화되지도 않는다. 그래서 감가상각을 먹일 필요가 없다. 대신 **무형자산 상각비**가 있다. 무형자산이라고 불사조처럼 평생 쓸 수는 없으니 말이다.

특허권이라면 특허권을 보호해주는 기간이 있다. 이를 **특허권 존속기간**이라 한다. 비아그라를 예로 들면, 비아그라를 개발하는 데 든 비용은 무형자산 개발비다. 따라서 특허권 존속기간 동안 무형자산 상각비가 발생한다.

신약 특허권 존속기간이 5년이고, 신약의 무형자산 개발비가 1조 원이라 가정해보자. 1조 원÷5년=1년에 2,000억 원. 즉 1년에 2,000억 원씩 무형자산 상각비가 발생한다.

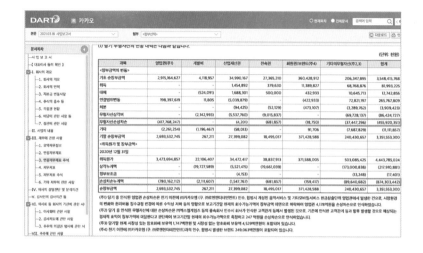

단, 영업권은 무형자산 상각이 없다. 엄밀히 말하면 무형자산 상각이 있었는데, IFRS 회계기준이 도입되면서 대신 **손상차손**이란 항목이 생겼다. 장사가 잘될 거라 생각해 웃돈을 줬는데 장사가 안 되면 손해를 보기 때문이다. 이렇게 인수한 회사나 사업의 실적이 좋지 않을 경우 매년 손상차손을 반영해 손익계산서의 손익에 마이너스로 반영한다.

카카오의 2020년 연결재무제표의 주석에서 무형자산을 보자. 영업권의 무형자산손상차손이 4,178억 원이다. 주석을 보면 음악 플랫폼 '멜론'을 서비스하는 로엔엔터테인먼트를 인수·합병할 때 생긴 영업권임을 알 수 있다. 멜론의 수익성이 기대 이하여서 손상차손을 인식한 것으로, 손상차손누계액이 7,802억 원이다. 이를 통해 2021년 3월에 열린 주주총회에서 멜론 사업부를 분사시킨 이유를 짐작할 수 있다. 무형자산손상차손 역시 손익에 바로 영향을 미치기 때문이다.

무형자산		무형자산의 미래 가치가 장부가보다 현저히 낮아질 경우 이를 손익계산서에 손실로 반영하는 것
무형자산 상각		무형자산을 사용한 시기에 따라 가치가 감소하는 것
특허권 존속기간		특허권을 보호해주는 기간
무형자산 손상차손		영업활동에 필요한, 그러나 눈에 보이지 않는 자산

회계 회화

정부장: 이번에 IT 기업이랑 거래하는데, 이 회사에 대해 알아봐.

윤대리: 네, 카카오라는 회사인데요. 무형자산이 많습니다. 특히 영업권이 참 많네요.

정부장: 영업권? 회사를 많이 인수했나 보네.

윤대리: 네, 맞습니다. 멜론과 다음을 인수했어요. 금액만 3조 원이 넘어요.

정부장: 그렇군. 나도 인수 좀 해주지. 내 몸값은 싼데 말이야.

윤대리: 아휴~ 그렇죠. 정부장님이야말로 진정한 무형자산 아닙니까!

액션 플랜

★ ★ ★ ★ ★

관심 있는 기업의 재무상태표에서 무형자산 내역을 확인해보자.

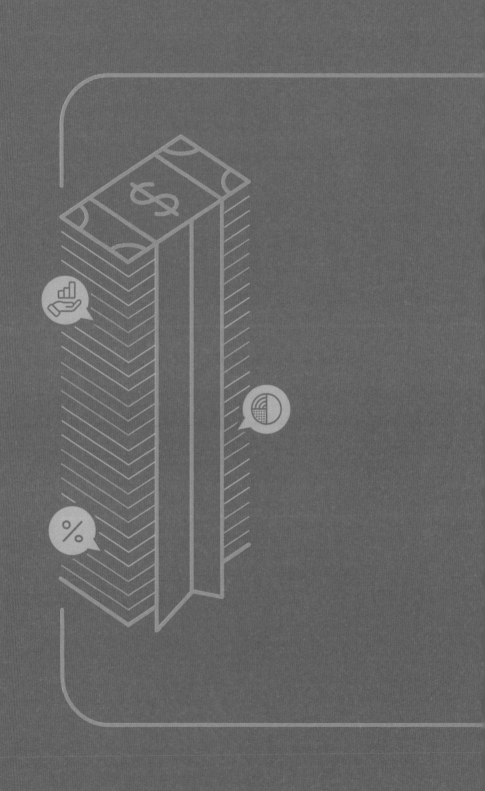

재무상태표 읽기 Ⅱ
: 부채와 자본

네 돈이 '부채'면 내 돈은 '자본'이야

재무상태표 '부채' 이해하기

부채는 남의 돈, 즉 갚을 돈이다. 그렇다면 부채는 무조건 나쁜 걸까? 아니다. 확실히 돈을 벌 수 있는 기회라면 '영끌'(영혼까지 끌어모아)해서라도 투자해야 한다. 현금의 가치가 쓰레기가 되는 저금리 시대에 투자하지 않으면 손해 보는 것과 마찬가지다. 특히 기업은 부채를 잘 활용하면 수익성을 높이고 성장할 기회를 가질 수 있다.

남의 돈으로 수익을 극대화하는 방식을 **레버리지**라고 한다. 레버리지는 원래 '지렛대'라는 뜻으로, 자본시장에선 빚을 활용해 투자 규모를 키워 수익을 높이는 전략을 의미한다. 같은 수익률이라면 내 돈 1,000만 원만 투자했을 때보다 대출을 받아 2,000만 원을 투자했을 때 더 많은 수익금을 낼 수 있다. 바로 그 이치다. 하지만 막연한 기대감으로, 어설픈 계획으로 레버리지를 활용하면 큰일 난다. 이자비용이 있기 때문이다.

레버리지는 수익이 확실할 때 효과를 발휘한다. 그러나 반대로 수익이 확실하지 않거나 손실을 볼 경우 피해가 극대화된다. 이 사실을 모르는 사람이 참 많다.

오른쪽 표에서 볼 수 있듯 부채는 크게 유동부채와 비유동부채로 나뉜다. 유동부채는 1년 안에 갚아야 하고, 비유동부채는 1년을 넘겨서 갚아도 된다.

부채는 보통 부채, 좋은 부채, 나쁜 부채로 나눌 수 있다. 보통 부채는 외상거래로 발생하는 부채, 즉 매입채무나 미지급금을 말한다. 좋은 부채는 미리

재무상태표		구분
자산(돈을 벌어다주는 것)	유동자산	당좌자산(현금, 매출채권), 재고자산
	비유동자산	투자자산, 유형자산, 무형자산
부채(남의 돈)	유동부채	매입채무, 선수금, 단기차입금
	비유동부채	장기차입금, 사채
자본(내 돈)		자본금, 자본잉여금, 이익잉여금

받는 돈, 선수금이다. 나쁜 부채는 남에게 빌린 돈, 차입금이다.

부채를 볼 때는 부채의 항목을 구성하는 부채가 보통 부채인지, 좋은 부채인지, 나쁜 부채인지 반드시 살펴봐야 한다.

선수금은
미리 받는 좋은 부채

선수금(Advances from Customers)
제품이나 서비스를 제공하기 전에 미리 받는 돈

선수금은 미리 받는 돈이다. 제품이나 서비스를 제공하기 전에 미리 지급받는 대금을 선수금이라고 표현한다. 대표적인 선수금으로는 헬스 클럽 이용료, 인터넷 강의 프리패스 사용료, 결혼업체 만남 주선료 등이 있다. 잘 생각해 보면 제품이나 서비스를 제공받지 않았는데 우리는 돈을 미리 낸다.

기업의 경우 규모가 큰 계약이라면 선금, 중도금, 잔금 이런 식으로 돈을 낼 수 있다. 이때 계약 선금이 선수금이 된다. 배를 만들거나 아파트를 짓는 수주업체들이 주로 하는 계약 방식이다.

어쨌든 돈을 미리 받는 건 굉장히 좋은 일이다. 그 이유는 첫째, 은행에서 힘들게 돈을 빌리지 않아도 된다. 둘째, 계약상 미리 받은 돈이 회사에 유입되면 현금이 돌고 돌 수 있다. 내 돈으로 재료를 사서 제품을 만들고 외상으로 판 뒤 나중에 돈을 받는 게 아니라 반대로 고객의 돈으로 제품을 만들어 제공하면 된다. 그것도 무이자다. 그래서 선수금은 좋은 부채다.

일본 작가 무라카미 하루키는 우리나라에서 책이 나오기 전에 출판사로부터 20억 원 정도의 인세를 받는다고 한다. 이걸 **선인세**라고 하는데, 이게 바로 선수금이다. 무라카미 하루키 책은 출간만 하면 바로 베스트셀러가 되니 책을 찍기도 전에 돈을 미리 주는 것이다. 참 부럽다.

회사 경영의 큰 힘이 된다

뒷장의 기사 목록을 보자. LG디스플레이가 애플서 OLED(유기발광다이오드) 패널값으로 3조 원을 미리 받는다는 내용이다. 제품을 애플에 주기도 전에 3조 원을 미리 받았으니 선수금이다.

원래는 LG디스플레이가 자기 돈으로 제품을 만들어 애플에 공급한 뒤 돈을 받아야 한다. 그런데 미리 받았다. 애플이 준 돈으로 OLED 패널을 만들어 공급하면 된다. 내 돈을 쓸 필요가 없으니 얼마나 좋은가. 회사엔 현금이 돌고 도니 말이다. 애플이 LG디스플레이에 돈을 미리 준 이유는 LG디스플레이의 OLED 패널이 꼭 필요하기 때문이다. 또 미리 정해진 가격으로 구입하면 향후 제품(OLED 디스플레이)의 가격 변동에 대비할 수 있다.

선수금은 특히 수주산업에서 중요한 계정이다. 수주산업은 대체로 덩치가 무척 큰 제조업이라 주문이 들어오면 선금을 받고 제작에 들어간다. 건설업, 조선업이 대표적이며 SI~System Integration~라고 하는 시스템 통합 구축 회사도 있다. 대표적인 SI 기업으로는 삼성SDS, 신세계아이앤

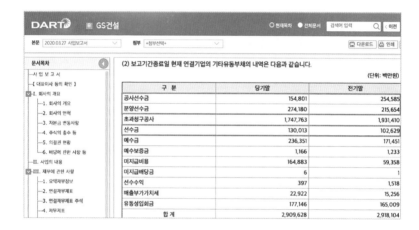

씨, 롯데정보통신, 포스코ICT 등이 있는데, 대기업에 SI 계열사가 하나

씩 있는 경우가 많다.

삼성중공업의 연결재무상태표 부채를 보면 선수금이란 계정을 쓰다

계약부채라는 계정으로 바꿔 사용하고 있다.

이번에는 GS건설의 연결재무상태표에서 부채를 보자. 기타유동부채가 보일 것이다. 주석에서 기타유동부채 내역을 보면 선수금이 있는 걸 확인할 수 있다.

그런데 왜 선수금은 부채일까? 부채는 남의 돈, 갚아야 할 돈인데 미리 받은 돈이 왜 갚을 돈일까? 계약상 돈을 미리 받았지만 결국 뭔가를 해야 한다. 제품을 만들어주거나 시스템을 구축해주거나, 서비스를 제공해야 한다. 그전까지는 아직 확실한 내 돈이 아니다. 계약을 실행할 의무가 남아 있기 때문이다. 또 일을 하는 중에 갑(선수금을 낸 계약 상대방)의 마음이 바뀌면 다시 돈을 돌려줘야 하는 상황이 발생할 수도 있다.

선급금은 미리 줘도 내 자산

반대 상황도 알아보자. 미리 받은 돈이 있으면 미리 준 돈도 있다. 선수금의 반대 표현은 선급금이다. 선수금은 부채지만, 선급금은 자산이다. 미리 돈을 줬는데 자산이라니! 자산은 내가 가진 것, 돈을 벌어다 주는 것인데 무슨 이야기를 하는 거지? 우선 흥분을 가라앉히자.

갑과 을이 계약을 하면서 선금을 주기로 했다. 선금은 누가 줄까? 갑이 주고, 을이 받는다. 이때 갑에겐 선급금, 을에겐 선수금이 된다. 이처럼 **선급금**은 계약상 미리 준 돈이다.

을은 돈을 미리 받았으니 제품을 만들거나 서비스를 제공해야 계약이 완료된다. 그전까지 부채다. 갑은 돈을 미리 줬으니 제품을 받거나 서비스를 제공받아야 계약이 완료된다. 그전까지 자산이다. 즉 계약이 완

부채		
유동부채	1,726,495,743,410	2,444,816,865,907
매입채무 및 기타유동채무	1,532,867,159,224	2,256,821,037,097
매입채무	178,476,349,052	159,894,009,209
단기차입금	231,685,000,000	207,285,000,000
기타지급채무	222,957,412,535	262,164,235,937
선수금	40,813,171,822	38,824,192,586
단기초과청구공사	561,665,131,723	1,191,478,482,543
예수금	126,966,997,583	231,977,766,466
유동성장기부채	170,303,096,509	165,197,350,356
당기법인세부채	92,114,479,250	62,107,394,309
유동충당부채	78,561,422,097	117,160,098,319
기타유동부채	22,952,682,839	8,728,336,182

2. 연결재무제표

연결 재무상태표

제 2 기　2019.12.31 현재
제 1 기　2018.12.31 현재

(단위 : 원)

	제 2 기	제 1 기
자산		
유동자산	3,235,333,823,589	3,839,524,960,880
현금및현금성자산	361,057,399,625	894,758,667,438
단기금융상품	653,307,517,427	679,067,511,395
단기투자증권	9,852,355,000	3,743,095,000
매출채권 및 기타유동채권	1,708,921,437,441	1,486,794,858,384
매출채권	369,726,872,714	466,635,331,825
단기미청구공사	374,011,664,031	276,417,021,595
기타수취채권	413,670,260,473	288,054,186,449
단기선급권	353,215,624,050	287,172,431,551
단기선급비용	198,297,016,173	168,515,886,964
재고자산	502,195,114,096	775,160,828,663

료되기 전이라면 미리 준 돈이지만 아직 내 돈이고, 문제가 발생하면 돌
려받을 수 있기 때문에 내 자산이다.

HDC현대산업개발 재무상태표에서 부채를 보면 재밌다. 선수금이 있고, 선급금도 있다.

선수금은 아파트에 입주할 입주자들에게 받은 계약 선금이다. 단기 초과청구공사도 선수금 성격으로 볼 수 있다. 공사를 50% 진행했는데 돈은 70%를 받았으니, 더 받은 20%가 초과청구공사다. 공사한 것보다 돈을 더 많이 받았으니 선수금이다. 선급금은 아파트를 지으면서 조경, 엘리베이터, 인테리어 등을 위해 협력업체에게 미리 준 돈이다. 이렇듯 건설사의 재무상태표에는 선수금과 선급금이 모두 들어 있다.

선수금 • • 미리 준 돈. 나중에 제품이나 서비스를 제공받음

선급금 • • 미리 받는 돈. 나중에 제품이나 서비스를 제공함

회계 회화

서대리: 윤대리~ 나 요즘 운동 시작했어. 헬스클럽 12개월 치 끊었어.

윤대리: 우와~ 헬스클럽 좋겠다. 한 번 가고 안 갈 호구 회원에게 12개월 치 선수금을 받았네.

서대리: 야! 이번엔 달라. 초특급 몸매를 만들어 보겠어.

윤대리: 서대리님, 화이팅입니다! 지금도 멋있지만 더 멋있어지겠네요.

서대리: 놀리냐? 나 이번 주에 선약 있다.

윤대리: 오~ 결혼해 듀오, 만나는 거야? 듀오의 선수금이 줄어들겠군.

서대리: 내가 듀오의 부채를 줄여주고 있다고!

액션 플랜

★ ★ ★ ★ ★

수주산업에 속한 기업(건설사, 조선업, SI 회사 등)의 재무상태표를 보며 부채에서 선수금을 찾아보자.

외상으로 사 왔으면
매입채무를 해야지

매입채무(Purchase Liabilities)
제조에 필요한 재료비 또는 외주비 등의 외상대금

'매입채무' 하니까 배우 임채무 씨가 생각난다. 나만 그런가? 다시 정확히 설명하면 **매입채무**는 배우 이름이 아니라 외상으로 사 와서 줄 돈이다. 유동자산에서 매출채권을 배웠다. 매출채권은 받을 돈이고, 유동부채의 매입채무는 줄 돈이다. 삼성전자는 스마트폰을 만들 때 부품을 협력업체에서 사 오거나 외주를 맡긴다. 이때 발생한 외상대금이 매입채무다. 협력업체에 외상대금을 지급하기 전까지 매입채무라고 한다.

그런데 부채를 보면 미지급금이 있다. 미지급. 아직 입금을 안 했지만 줄 돈이다. 매입채무도 미지급금도 모두 줄 돈인데, 어떤 차이가 있는 걸까?

매출채권과 미수금의 차이를 기억한다면 쉽게 이해할 수 있다. 둘 다 받을 돈이지만 다르다. 삼성전자가 스마트폰을 판매하고 받을 돈은 매출채권, 즉 매출과 연결되는 외상대금이다. 미수금은 삼성전자가 중고 컴퓨터를 중고 가전업체에 판매하고 받을 돈, 즉 매출채권이 아닌 받을 돈이다. 매출과 연결되면 매출채권, 매출과 연결되지 않는 받을 돈은 미수금인 것이다.

매입채무와 미지급금도 마찬가지다. 매입채무는 삼성전자가 팔기 위한 제품을 만들기 위해 부품이나 재료들을 외상으로 사 온 뒤 나중에 줄 돈이다. **미지급금**은 매입채무가 아닌 줄 돈이다. 예를 들어 사무실 임차료나 사무실에 둘 컴퓨터를 구매한 후 줄 돈, 즉 매입채무가 아닌 줄 돈이다.

돈을 빨리 줄까? 느리게 줄까?

줄 돈을 느리게 주는지 빠르게 주는지 확인할 때 쓰는 표현이 있다. 바로 **매입채무회전율**이다. 앞에서 매출채권회전율과 재고자산회전율을 배웠던 기억이 날 것이라 믿는다.

매입채무회전율이 높으면 줄 돈을 빨리 주는 것이고, 낮으면 느리게 주는 것이다. 매입채무회전율 공식은 다음과 같다.

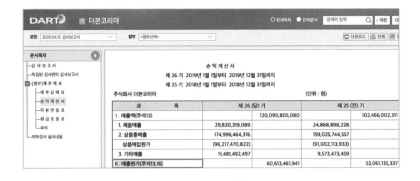

$$매입채무회전율 = \frac{매출원가}{평균매입채무}$$

더본코리아의 2019년 26기 재무제표를 보자. 매출원가는 606억 1,346만 1,941원(60,613,461,941)이다.

먼저 평균매입채무부터 구해야 한다. 2년 치 매입채무를 더한 뒤 2로 나누면 된다. 2019년(26기) 매입채무는 129억 6,405만 4,569 원(12,964,054,569)이고 2018년(25기) 매입채무는 77억 8,017만 7,152원(7,780,177,152)이다. 둘을 더하면 207억 4,423만 1,721원

(20,744,231,721)이다. 이 금액을 2로 나누면 평균매입채무 103억 7,211만5,861원(10,372,115,861)을 구할 수 있다.

이제 매입채무회전율을 구해보자. 공식은 위에 언급한 대로 [매출원가/평균매입채무]다.

$$\frac{60,613,461,941}{10,372,115,861} = 5.84$$

매입채무회전율은 5.84이다. 그렇다면 줄 돈을 얼마 만에 준다는 걸까? 이럴 땐 매입채무회전일수를 구해야 한다. 365일을 매입채무회전율로 나누면 62.5일이 나온다. 즉 62일하고 반나절이면 외상대금을 지급한다는 뜻이다.

$$\frac{365일}{5.84} = 62.5일$$

회사 내 현금이 도는 기간, 현금순환주기

앞에서 배운 매출채권회전율, 재고자산회전율을 매입채무회전율과 함께 보면 회사의 현금순환주기, 즉 현금이 도는 시간을 계산할 수 있다.

현금순환주기란 재고자산을 판매하고, 매출채권을 회수하고, 매입채무를 지급하는 시간이다. 재고자산회전일수와 매출채권회전일수를 더하고, 매입채무회전일수를 뺀 값이다.

$$현금순환주기 = 재고자산회전일수 + 매출채권회전일수$$
$$- 매입채무회전일수$$

교촌에프앤비의 2020년 12월 31일 기준 재고자산회전율은 35.43, 매출채권회전율은 190.71, 매입채무회전율은 20.51이다. 각각의 회전 일수를 구하면 다음과 같다.

이 수치로 현금순환주기를 구해보자.

재고자산회전일수는 365일 / 35.43 = 10일
매출채권회전일수는 365일 / 190.71 = 2일
매입채무회전일수는 365일 / 20.51 = 18일

재고자산회전일수 10일 + 매출채권회전일수 2일
- 매입채무회전일수 18일 = -6일

현금순환주기가 마이너스로 나온다. 뭘 의미하는 걸까? 재고자산을 판매하고 매출채권을 현금으로 회수할 때까지 12일 걸리고, 매입채무 지급은 1.5배인 18일이 걸린다. 판매에서 회수까지 걸리는 시간이 외상 대금 지급 시간보다 짧다. 즉 회사에 현금이 머무는 시간이 길다는 의미 다. 고객에게 돈을 받아 천천히 외상대금을 지급하므로 유동성이 풍부 하다. 굳이 남의 돈을 빌릴 이유가 없다.

갖고 있는 물건을 잘 팔고 돈도 빨리 받는데 외상대금은 천천히 주면 회사에 현금이 머무는 시간이 길 수밖에 없다. 그러면 그 현금으로 투자도 할 수 있다. 일석이조다. 이렇게 기업의 현금순환주기를 계산하면 현금창출 능력이 어떤지 확인할 수 있다. 결국 기업은 돈을 버는 게 가장 중요하니 말이다.

● **교촌에프앤비**

(단위: 원)

구분	2020년
매출액	447,628,198,910
매출원가	345,113,285,277
2020년 재고자산	13,336,898,169
2019년 재고자산	6,147,248,651
2020년 매출채권	2,814,982,327
2019년 매출채권	1,879,472,026
2020년 매입채무	19,425,816,343
2019년 매입채무	14,221,107,483

● **교촌에프앤비 회전율**

구분	회전율	회전일수
재고자산	35.43	10
매출채권	190.71	2
매입채무	20.51	18

매입채무	· ·	제조에 필요한 재료비 또는 외주비 등의 외상대금
미지급금	· ·	외상대금을 지급하는 데 걸리는 일수
매입채무 회전율	· ·	외상대금을 지급하는 속도
매입채무 회전일수	· ·	매입채무가 아닌 줄 돈
현금순환 주기	· ·	제품을 팔고 외상대금 받고 외상대금을 지급하는 모든 기간, 즉 회사 내에서 현금이 도는 기간

회계 회화

민호: 아! 형이 입던 옷 내가 샀는데, 돈을 안 줬네.

용진: 얼른 매입채무 정산해야지.

김대리: 이번에 협력업체 정산시스템 개선으로 지급이 빨라졌어.

최대리: 매입채무회전율이 높아지겠네. 협력사는 좋겠다!

액션 플랜

★ ★ ★ ★ ★

관심 있는 기업의 현금순환주기를 계산해보자.

대출의 다른 이름, 차입금

차입금(Borrowing)
빌린 돈, 이자를 내야 하는 부채

　차입금은 금융기관에서 빌리는 돈으로, 우리가 흔히 '대출'이라고 부른다. 차입금은 만기 기간에 따라 이름이 달라진다. 1년 안에 갚아야 하면 **단기차입금**, 1년 뒤에 갚아도 되면 **장기차입금**이다. 단기차입금은 유동부채에 속하고, 장기차입금은 비유동부채에 속한다. 그런데 이런 경우가 있다. 3년 만기 차입금인데 2년이 지나 1년 만기가 도래했다면 어떻게 될까? 단기차입금이라고 생각할 수 있는데 아니다. 단기차입금은 처음 대출을 받을 때부터 1년 만기인 차입금만 해당된다.

　1년 만기 도래한 장기차입금은 비유동부채에서 유동부채로 위치를 바꾸고, 이름도 '유동성 장기차입금'으로 바뀌게 된다. '유동성'이 붙었으니 1년 안에 갚을 빚이고, 뒤에 '장기차입금'이 붙었으니 원래 만기가 1년 이상이었단 사실을 알 수 있다.

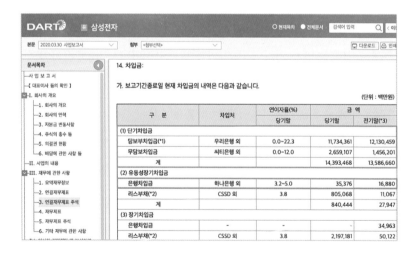

삼성전자의 차입금을 살펴보자.

단기차입금과 유동성장기부채, 장기차입금이 보인다. 1년 만기가 도래한 장기차입금은 유동성장기부채에 있다. 주석을 보면 자세한 내용을 알 수 있다.

주석을 보니 어디에서 얼마의 금리로 돈을 빌렸는지 자세히 알려준다. 차입금이 있다면 반드시 주석을 확인하는 습관을 들이자.

회사도 사채를 쓴다고?

회사는 은행에서만 돈을 빌리지 않는다. 다른 자금 조달 방법이 있다. 바로 사채다. "안녕하십니까, 행님" 하는 그 무시무시한 사채 말고 '회사채' 할 때의 사채다.

회사로부터 사채를 사는 사람을 **사채권자**라고 한다. 사채는 공개모집으로 발행하는 '공모 방식'과 특정 금융기관이나 돈이 많은 사람을 콕 짚어 특정해 발행하는 '사모 방식'이 있다. 사채권자가 되면 회사로부터 이자를 받고 나중에 원금까지 돌려받는다. 망할 기업이 아니라면 이런 사채는 좋다. 우량기업으로부터 은행 금리보다 높은 금리로 이자도 받고 원금도 받을 수 있으니 말이다. 다 같이 사채권자가 되어보자!

포털사이트에서 '회사채'라고 검색해보자. 많은 회사가 회사채를 발행해 자금을 조달하는 걸 알 수 있다. 2020년 2월에는 LG화학이 석유화학 부문 사업구조 고도화를 위해 9,000억 원 규모의 회사채를 발행했다.

그런데 빚이 많으면 회사가 망할 확률이 더 높지 않을까? 이자를 내야 해서 남는 돈도 없고, 돈 받을 곳이 망하면 빚도 못 갚을 수 있으니 말이다. 경기 악화로 갑자기 은행에서 원금을 회수하면 바로 망할 수 있다. 그래서 빚이 얼마나 있는지 파악하는 기본적인 방법으로 부채비율을 사용한다.

부채비율이 낮아야 기업이 안전하다

부채비율은 회사의 안정성을 살피는 지표로, 자산 중 빚이 많은지 내 돈이 많은지 확인할 수 있다. 부채비율을 계산하는 공식은 다음과 같다.

$$부채비율 = \frac{부채총액}{자본총액} \times 100$$

군이 계산하지 않아도 부채총액과 자본총액을 비교하면 쉽게 알 수 있다. 부채가 자본보다 작은 기업을 **우량기업**이라고 한다. 비율로 계산하면 부채비율이 100% 미만이다. 부채가 자본보다 많다면, 예를 들어 부채비율이 200%, 300%라면 자본보다 부채가 2~3배가 많다는 뜻이다. 좀 위험하지 않을까? 기업의 안정성을 따진다면 부채비율은 낮아야 좋다.

아래는 전설의 투자자 월터 슐로스의 그 유명한 '시장을 이긴 16가지 규칙' 중 일부다. 그는 여기서 부채비율이 100%를 넘지 않아야 한다고 강조했다.

월터 슐로스는 유동비율 200%, 당좌비율 100%, 부채비율 100% 미만인 기업에 투자하는 걸 중요시했다. 같은 스승 밑에서 투자의 신 워런 버핏과 함께 공부했는데, 워런 버핏이 투자하는 종목에는 절대 투자하지 않았다고 한다. 월터 슐로스는 자기만의 투자 포트폴리오를 짰는데 반드시 안정성이 확보된 기업에만 투자했다.

삼성전자를 살펴보자. 부채비율이 40%를 넘지 않는다. 갚을 돈이 자기 돈의 40%가 되지 않는다는 의미다. 빚을 지금 당장 갚아도 전혀 문제되지 않는다.

```
                               On common stocks   March 10,1994
Walter & Edwin Schloss Associates, L. P.
          Factors needed to make money in the stock market     52 VANDERBILT AVENUE · NEW YORK NY 10017
                                                               (212) 370-1844
  1. Price is the most important factor to use in relation to value.
  2. Try to establish the value of the company. Remember that a share
     of stock represents a part of a business and is not just a piece of pape
  3. Use book value as a starting point to try and establish the value
     of the enterprise. Be sure that debt does not equal 100% of the
     equity. (Capital and surplus for the common stock).
  4. Have patience. Stocks don't go up immediately.
```

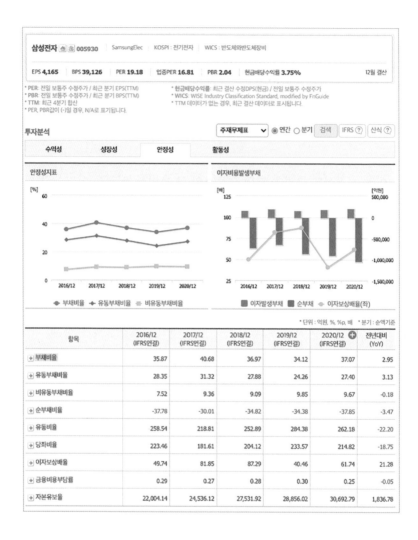

삼성전자 💾 🔊 005930 | SamsungElec | KOSPI : 전기전자 | WICS : 반도체와반도체장비

| EPS **4,165** | BPS **39,126** | PER **19.18** | 업종PER **16.81** | PBR **2.04** | 현금배당수익률 **3.75%** | 12월 결산 |

* PER: 전일 보통주 수정주가 / 최근 분기 EPS(TTM)
* PBR: 전일 보통주 수정주가 / 최근 분기 BPS(TTM)
* TTM: 최근 4분기 합산
* PER, PBR값이 (-)일 경우, N/A로 표기됩니다.

* 현금배당수익률: 최근 결산 수정DPS(현금) / 전일 보통주 수정주가
* WICS: WISE Industry Classification Standard, modified by FnGuide
* TTM 데이터가 없는 경우, 최근 결산 데이터로 표시합니다.

투자분석

주재무제표 ∨ | ◉ 연간 ○ 분기 | 검색 | IFRS ⑦ | 산식 ⑦

| 수익성 | 성장성 | **안정성** | 활동성 |

안정성지표

이자비용발생부채

* 단위 : 억원, %, %p, 배 * 분기 : 순액기준

항목	2016/12 (IFRS연결)	2017/12 (IFRS연결)	2018/12 (IFRS연결)	2019/12 (IFRS연결)	2020/12 ➕ (IFRS연결)	전년대비 (YoY)
➕ 부채비율	35.87	40.68	36.97	34.12	37.07	2.95
➕ 유동부채비율	28.35	31.32	27.88	24.26	27.40	3.13
➕ 비유동부채비율	7.52	9.36	9.09	9.85	9.67	-0.18
➕ 순부채비율	-37.78	-30.01	-34.82	-34.38	-37.85	-3.47
➕ 유동비율	258.54	218.81	252.89	284.38	262.18	-22.20
➕ 당좌비율	223.46	181.61	204.12	233.57	214.82	-18.75
➕ 이자보상배율	49.74	81.85	87.29	40.46	61.74	21.28
➕ 금융비용부담률	0.29	0.27	0.28	0.30	0.25	-0.05
➕ 자본유보율	22,004.14	24,536.12	27,531.92	28,856.02	30,692.79	1,836.78

부채비율이 높다고 무조건 나쁜 건 아니다. 건설업이나 조선업 등 수주산업의 경우 계약상 선금을 받기 때문에 선수금으로 인한 부채 증가가 있을 수 있다. 따라서 수주산업에 속한 기업의 경우 부채비율을 확인할 때는 선수금으로 인한 부채비율 증가인지 꼭 따져봐야 한다.

2008년 무렵 몇몇 언론사가 직전 해에 최대 흑자를 기록한 조선업체들의 부채비율이 1년 사이에 큰 폭으로 증가했다고 보도했다. 기사 내용에 따르면 삼성중공업의 부채비율은 직전 해 대비 386%에서 1,396%로 증가했다. 현대중공업, 대우조선해양, STX조선도 상황은 비슷했다. 이는 조선업체들이 곧 망할 거라는 뜻이었을까?

아니다. 당시 조선업체들의 부채가 늘어난 이유는 선박 계약수주가 크게 늘어 선수금을 많이 받았기 때문이다. 선수금이 증가해 부채총액이 늘고 부채비율이 상승했다.

오히려 계약을 잘 따내고 승승장구하는 기업을 단순히 부채비율로 보니 이상하게 보인 것이다. 이런 이유로 단순히 부채비율의 높고 낮음이 아니라 업종의 특성과 부채 항목을 잘 살펴봐야 한다.

기업의 안정성을 엄격하게 평가하는 방법

부채비율과 유동비율을 함께 본다면 기업의 안정성을 더욱 엄격하게 평가할 수 있다. 유동비율은 유동자산과 유동부채를 비교한다. 좋은 기업은 유동비율이 200% 이상이라고 앞서 설명했다. 부채비율은 부채의 크기와 자본의 크기를 비교한다. 유동비율이 상승하면서 부채비율이 하락한다면 매우 좋다. 수중에 현금은 증가하고 갚을 빚은 감소한다는 의미니까.

부채 중 나쁜 부채, 차입금이 문제다. 차입금은 이자를 내야 하는 부채라 나쁜 부채다. 만약 금리가 오르거나 당장 빚을 갚아야 한다면 부도가 날 수도 있다. 차입금이 증가하면 부도 가능성이 커진다.

차입금의존도를 계산하면 회사에 이자를 내야 하는 부채가 얼마나 많은지 알 수 있다. 수주산업에 있는 기업은 부채비율과 차입금의존도를 함께 보자. 차입금의존도를 계산하는 공식은 다음과 같다.

$$\text{차입금의존도} = \frac{(\text{장·단기차입금} + \text{사채})}{\text{자산}} \times 100$$

단기차입금과 장기차입금 그리고 사채까지 이자가 발생하는 부채를 모두 더한 뒤 자산으로 나눈다.

이는 회사가 얼마나 차입금에 의존하는지 계산하는 방법이다. 내가 가진 자산이 100%라면 이자 내면서 갚을 돈을 20~30% 아래로 유지해야 '양호하다'라고 평가한다. 차입금의존도가 높을수록 이자를 많이 낸다는 의미다. 이자를 많이 내면 남는 게 없어 기업의 수익성이 떨어진다. 유동비율, 부채비율과 차입금의존도를 함께 보는 습관을 갖자. 그래야 기업의 안정성이 더욱 명확하게 보인다.

차입금	•	•	빌린 돈, 이자를 내야 하는 부채
단기차입금	•	•	주식회사가 일반 대중으로부터 자금을 조달하는 회사채
장기차입금	•	•	1년 후에 갚을 돈
사채	•	•	1년 이내 갚을 돈
부채비율	•	•	부채(남의 돈)와 자본(내 돈)을 비교해서 갚을 돈이 얼마나 있는지 확인하는 지표
차입금 의존도	•	•	이자를 내는 빚의 규모가 얼마인지 계산하는 것

회계 회화

원석: 이번 달에 카드를 너무 많이 썼어.

민아: 부채비율과 차입금의존도가 급격히 증가했겠네.

민아: A회사에서 회사채를 발행해서 투자했어.

원석: 사채권자가 됐구나! 축하해!

액션 플랜

★ ★ ★ ★ ★

관심 있는 기업의 재무상태표와 주석에서 차입금 내역을 확인해보자.

재무상태표 '자본' 이해하기

부채는 남의 돈, 자본은 내 돈이다. 그런데 자본은 별명이 많다. '자기자본'
과 '순자산' 등. 부채는 남의 돈이라 **타인자본**이고, 자본은 내 돈이라 자기자
본이다. **자기자본** 이야기가 나오면 '아~ 자본을 이야기하는구나!' 이렇게 이
해하자.

사업을 정리하게 되면 갖고 있는 자산을 팔아 현금화하고, 가장 먼저 남의
돈인 부채를 갚는다. 그러고도 남은 돈이 있다면, 이는 사업을 통해 얻은 순
자산이다. 그래서 자본을 **순자산**이라고 한다. 재무상태표 회계등식인 [자산
=부채+자본]을 생각하면 쉽다. [자산-부채=자본]이니까.

자본에는 무엇이 있을까? 자본은 자본금, 자본잉여금, 자본조정, 기타포괄
손익누계액, 이익잉여금으로 구성되어 있다. 너무 복잡해서 자본에 대해 배

재무상태표	구분	
자산(돈을 벌어다주는 것)	유동자산	당좌자산(현금, 매출채권), 재고자산
	비유동자산	투자자산, 유형자산, 무형자산
부채(남의 돈)	유동부채	매입채무, 선수금, 단기차입금
	비유동부채	장기차입금, 사채
자본(내 돈)	자본금, 자본잉여금, 이익잉여금	

자본 항목
자본금
자본잉여금(주식발행초과금)
자본조정
기타포괄손익누계액
이익잉여금(or 결손금)

울 때 다들 쉽게 포기한다. 여기서 중요한 건 자본금과 이익잉여금이다. 팁을 준다면 자본을 이해할 때 자본변동표를 함께 보는 게 좋다. 그래야 쉽게 이해할 수 있고, 배울 게 더 많다.

04

든든한 내 돈,
자본금

자본금(Capital Stock)
초기 투자금, 회사가 발행한 주식 액면가의 합계금액

자본금이란 회사를 세우기 위해 처음에 투자한 내 돈, 초기 투자금을 말한다. 투자를 받거나 주식시장에 상장하면서 들어온 돈 역시 자본금이다. 즉 초기 투자금과 투자받은 돈이라고 생각하면 좋다.

'회사 때려치우고 창업이나 할까?' 이런 생각을 다들 해봤으리라. 〈스타트업〉이라는 드라마가 인기였는데, 청춘 드라마라서 그런지 주인공들이 일은 안 하고 연애만 열심히 한다. 여하튼 주식회사를 세우고 주식을 발행하는 장면이 나온다.

내가 회사에 투자한 돈이 500만 원이라면 500만 원이 자본금이 된다.

주식회사는 주식을 발행해야 한다. 이때 자본금이 기준이 되기 때문에 1주당 500원이라고 하면 10,000주를 발행할 수 있다. 1주당 1,000원이라면 5,000주를 발행할 수 있다.

회사가 자본금을 늘리는 방법

그런데 회사가 더 성장하려면 돈이 필요하다. 어떻게 돈을 조달할까? 여러 가지 방법이 있는데, 크게 보면 부채나 자본을 늘리면 된다. 부채는 은행에서 돈을 빌리거나 사채를 발행하면 늘릴 수 있다. 자본은 투자를 받거나 주식시장에 상장하면 된다.

회사가 주식시장에 상장하는 행위를 **기업공개**IPO라고 한다. 처음으로 불특정 외부투자자에게 주식을 공개하는 것이다. 예를 들어 주식시장에 상장할 때 1주당 액면가 500원으로 100,000주를 발행했다고 가정해보자. 회사가 인기가 많아 주식을 사려는 기관투자자들이 많이 몰렸다. 그래서 주식 발행가액을 1주당 1,000원으로 올렸다. 기관투자자들의 수요예측 흥행 정도에 따라 발행가격(공모가)을 조정할 수 있기 때문이다. 1,000원으로 올렸더니 액면가액 500원보다 커졌다.

1주당 1,000원에 10만 주를 발행했으니 총 1억 원이 회사에 들어온다. 1억 원 중 액면가액(1주당 500원×100,000주)에 해당하는 5,000만 원은 자본금으로 들어간다. 액면가를 초과한 금액 5,000만 원은 주식발행초과금으로 잡힌다.

공모 인기가 많으면 많을수록 주식발행초과금이 자본금보다 크다. 관심 있는 기업의 자본금과 주식발행초과금의 크기를 비교하면 이 회사가 공모 때 인기가 있었는지 없었는지 알 수 있다.

주식발행초과금은 '자본잉여금'이라고도 한다. 이렇게 자본금과 주식발행초과금을 합쳐서 **납입자본**이라 한다.

기업들의 사업보고서를 보자. 에스원의 자본금과 주식발행초과금은 변동이 전혀 없다. 더 이상 주식을 발행하지 않았기 때문이다. 증자(주식을 발행해 회사의 자본금을 증가시키는 것)를 하거나 감자(회사가 주식 금액이나 주식수 감면을 통해 자본금을 줄이는 것)를 하면 변동이 생긴다.

DART	본문 2020.03.30 사업보고서				
에스원	첨부 +첨부선택+		다운로드	인쇄	검색결과로
문서목차	자본				
사업보고서	I.지배기업의 소유지분	1,327,580,505,148	1,262,300,568,277	1,207,828,465,973
【대표이사 등의 확인】	(1)자본금 (주1,18)	18,999,589,000	18,999,589,000	18,999,589,000
I. 회사의 개요	1.보통주자본금	18,999,589,000	18,999,589,000	18,999,589,000
1. 회사의 개요	(2)주식발행초과금 (주18)	192,913,601,374	192,913,601,374	192,913,601,374
2. 회사의 연혁	(3)이익잉여금 (주19)	1,267,598,907,044	1,203,001,155,778	1,148,521,528,923
3.자본금 변동사항	(4)기타자본항목 (주20)	(151,931,592,270)	(152,613,777,875)	(152,606,253,324)
4. 주식의 총수 등	II.비지배지분 (주31)	25,972,377	17,147,910	9,036,901
5. 의결권 현황	자본총계	1,327,606,477,525	1,262,317,716,187	1,207,837,502,874
6. 배당에 관한 사항 등	부채와자본총계	1,794,959,719,010	1,682,854,294,128	1,581,536,979,425

셀트리온의 경우 매년 자본금이 증가하고 있다. 주식발행초과금 역시 증가하고 있다.

셀트리온의 [사업보고서] - [회사의 개요] - [자본금 변동사항]을 보면 자본금이 변동되는 이유를 알 수 있다. 주식매수선택권은 스톡옵션을 말한다. 그리고 주식배당을 했고, 전환권 행사도 했다. **전환권 행사**란 채권을 주식으로 전환할 수 있는 권한을 행사했다는 의미다. 그래서 자본금과 주식발행초과금이 증가했다.

자본			
자본금	134,997,805,000	128,337,853,000	125,456,133,00
자본잉여금(주식발행초과금)	812,155,732,299	786,358,490,538	761,047,500,20
이익잉여금(결손금)	2,616,077,813,546	2,114,638,596,135	1,830,849,456,11
기타포괄손익누계액	13,208,899,479	2,590,862,595	5,011,173,20
기타자본구성요소	(127,577,855,278)	(127,213,826,083)	(80,783,525,915
자본총계	3,448,862,395,046	2,904,711,978,185	2,641,580,736,61
자본과부채총계	4,808,699,737,257	3,708,567,679,656	3,408,157,730,78

손익계산서

제 30 기 2020.01.01 부터 2020.12.31 까지
제 29 기 2019.01.01 부터 2019.12.31 까지
제 28 기 2018.01.01 부터 2018.12.31 까지

(단위 : 원)

	제 30 기	제 29 기	제 28 기
수익(매출액)	1,689,786,996,813	981,870,268,852	861,884,226,306
매출원가	740,794,792,910	413,929,009,828	349,050,389,603
매출총이익	948,992,203,903	567,941,259,024	512,833,836,703
판매비와관리비	245,688,593,135	208,023,653,428	177,857,406,392
영업이익(손실)	703,303,610,768	359,917,605,596	334,976,430,311
기타이익	47,848,847,575	16,504,459,617	11,765,700,005
기타손실	84,101,438,658	19,228,161,596	44,487,569,081

3. 자본금 변동사항

증자(감자)현황

(기준일 : 2020년 12월 31일   ) (단위 : 원, 주)

주식발행 (감자)일자	발행(감소) 형태	발행(감소)한 주식의 내용				비고
		주식의 종류	수량	주당 액면가액	주당발행 (감소)가액	
2016.01.25	주식매수선택권행사	보통주	10,817	1,000	36,830	-
2016.03.25	주식배당	보통주	3,328,350	1,000	1,000	-
2016.03.31	전환권행사	보통주	658,398	1,000	65,418	1회차 해외전환사채 `16년 1분기 전환
2016.04.22	주식매수선택권행사	보통주	160,614	1,000	38,806	-
2016.10.24	주식매수선택권행사	보통주	8,485	1,000	38,829	-
2017.03.17	주식배당	보통주	5,828,216	1,000	1,000	-
2017.04.26	주식매수선택권행사	보통주	177,868	1,000	37,146	-
2017.08.18	주식매수선택권행사	보통주	30,821	1,000	35,475	-
2017.11.14	주식매수선택권행사	보통주	31,202	1,000	37,368	-
2018.03.23	주식배당	보통주	2,441,953	1,000	1,000	-
2018.04.26	주식매수선택권행사	보통주	287,526	1,000	60,805	-
2018.10.26	주식매수선택권행사	보통주	60,230	1,000	38,643	-
2019.01.25	주식매수선택권행사	보통주	5,305	1,000	60,805	-
2019.03.26	주식배당	보통주	2,492,051	1,000	1,000	-
2019.04.26	주식매수선택권행사	보통주	375,581	1,000	97,598	-
2019.07.26	주식매수선택권행사	보통주	7,258	1,000	97,598	-
2019.10.25	주식매수선택권행사	보통주	1,525	1,000	37,910	-
2020.01.28	주식매수선택권행사	보통주	6,098	1,000	31,183	-
2020.02.27	주식매수선택권행사	보통주	2,668	1,000	31,183	-

자본	회사가 주식시장에 상장하는 행위
자본금	자본금과 주식발행초과금을 합친 돈
기업공개 (IPO)	내 돈, 주주의 돈
주식발행 초과금	주식발행 시 자본금을 초과해서 받은 돈
납입자본	초기 투자금, 회사가 발행한 주식 액면가액의 합계금액
전환권	채권을 주식으로 전환할 수 있는 권한

회계 회화

민아: 우와~ 이 가게 멋진데?

영수: 자본금은 얼마나 들었을까?

영수: 회사 때려치우고 사업이나 할까?

민아: 자본금은 있어?

액션 플랜

★ ★ ★ ★ ★

관심 있는 기업의 재무상태표에서 자본금 내역을 확인해보자.

이익잉여금은
사업을 잘했다는 증거

이익잉여금(Retained Earning)
회사의 순이익이 쌓여 있는, 즉 순이익의 누적금액

사업하는 이유는 이익을 내기 위해서다. 남는 장사를 해야 된다는 말이다. 사업을 잘해서 매년 이익이 나면 이익이 쌓인다. 손익계산서 등식을 생각해보자. [자본+수익-비용]으로 이익이 자본에 더해지면서 자본이 점점 증가한다. 자본에서 이익이 쌓인 부분이 바로 이익잉여금이다.

회사가 돈을 벌면(수익) 다시 재료를 사는 데 돈을 쓰고(비용) 세금도 낸다. 그런 다음 최종적으로 남은 돈, 이것을 **순이익**이라고 한다. **이익잉여금**은 순이익이 차곡차곡 쌓여 있는, 즉 순이익의 누적금액이다.

이익잉여금에 '금'자가 붙어 있어 현금으로 오해하는데, 이익잉여금은 현금이 아니다. 회사의 현금을 보고 싶다면 재무상태표의 유동자산에서 가장 위에 나오는 현금 및 현금성 자산을 보면 된다. 재무상태표 회계등식은 [자산＝부채＋자본]이다. 여기에서 이익잉여금은 자본에 속하고, 부채와 함께 자산 여러 곳에 이미 투자되어 있는 상태다. 현금일 수 있고, 재고자산일 수 있고, 유형자산일 수도 있다. 즉 통장에 있는 현금 잔액이 아니라 이익의 누적금액을 숫자로 보여줄 뿐이다.

우리도 월급에서 돈이 남으면 집을 사기 위해 청약저축을 들거나 적금을 든다. 회사도 마찬가지다. 이익잉여금을 어떻게 할지 결정한다. 이익잉여금은 회사의 결정에 따라 배당하거나 적립할 수 있는데, **배당**은 회사의 주인인 주주에게 몫의 일부를 돌려주는 행위다. **적립**은 회사의 미래를 위해 또는 법에 의해 이익잉여금을 쌓아두는 걸 말한다.

이익잉여금에는 법정적립금, 임의적립금, 미처분이익잉여금이 있다. 말이 참 어렵다. **법정적립금**은 법령에 의해 강제로 적립하는 적립금이고이다. **임의적립금**은 정관의 규정이나 주주총회 결정대로 적립하는 적립금, **미처분이익잉여금**은 어떻게 사용할지 아직 정하지 않은 이익잉여금이다. 이익잉여금의 자세한 내용이 궁금하면 주석에서 이익잉여금 내역과 이익잉여금처분계산서를 보면 된다.

회사를 위협하는 결손금

———

모든 회사가 이익잉여금이 있는 건 아니다. 이익잉여금과 반대로 수

자본		
지배기업의 소유주지분	499,119,521,748	792,919,920,410
자본금	1,116,176,470,000	1,116,176,470,000
자본잉여금	886,039,018,833	585,982,810,791
기타자본구성요소	(69,104,922,407)	(69,104,922,407)
기타포괄손익누계액	39,597,219,080	40,417,799,310
결손금	(1,473,588,263,758)	(880,552,237,284)
비지배지분	56,979,235,202	115,368,595,422
자본총계	556,098,756,950	908,288,515,832
부채및자본총계	13,394,795,553,944	13,503,422,879,145

년간 손실이 발생해 자본에 차곡차곡 손실이 쌓이는 것을 **결손금**이라 한다. 결손금은 자본을 갉아먹는다. 계속 손실이 발생하면 자본이 바닥 나는 자본잠식 상태에 빠진다. 심할 경우 망할 수 있단 얘기다.

아시아나항공의 분기보고서를 보자. 국내 대표 항공사 중 하나인 아 시아나항공의 경우 결손금만 1조 5,000억 원에 달한다. 빚도 어마어마 하게 늘어 자생능력을 상실했고, 결국 M&A 시장에 매물로 나왔다.

반대 경우인 삼성전자를 보자. 사업을 잘해 이익잉여금이 매년 증가 한다. 이익잉여금이 증가하는 만큼 자본도 증가한다. 내 돈이 증가하니 걱정이 없다. 얼마나 든든할까? 주주들도 마음이 편할 수밖에 없다.

주석을 보면 이익잉여금의 세부내역을 볼 수 있다. 더 구체적으로 보 고 싶다면 이익잉여금처분계산서를 보자. 배당 내역 등 이익잉여금을 어떻게 처분했는지 확인할 수 있다. 상단의 '주주총회에서 확정된다' 는 이야기는 12월 31일에 바로 처분하지 않고, 주주총회가 열리는 3월 에 결정하겠다는 말이다. 주주총회를 통해 배당을 확정해야 지급할 수 있다.

자본		
자본금	897,514	897,514
우선주자본금	119,467	119,467
보통주자본금	778,047	778,047
주식발행초과금	4,403,893	4,403,893
이익잉여금(결손금)	172,288,326	166,555,532
기타자본항목	280,514	1,131,186
자본총계	177,870,247	172,988,125
자본과부채총계	216,180,920	219,021,357

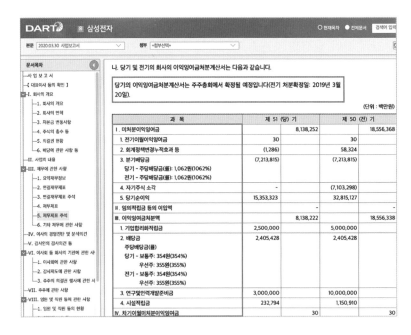

나. 당기 및 전기의 회사의 이익잉여금처분계산서는 다음과 같습니다.

당기의 이익잉여금처분계산서는 주주총회에서 확정될 예정입니다(전기 처분확정일: 2019년 3월 20일).

(단위 : 백만원)

과 목	제 51 (당) 기		제 50 (전) 기	
I. 미처분이익잉여금		8,138,252		18,556,368
1. 전기이월미처분이익잉여금	30		30	
2. 회계정책변경누적효과 등	(1,286)		58,324	
3. 분기배당금	(7,213,815)		(7,213,815)	
당기 - 주당배당금(률): 1,062원(1062%)				
전기 - 주당배당금(률): 1,062원(1062%)				
4. 자기주식 소각	-		(7,103,298)	
5. 당기순이익	15,353,323		32,815,127	
II. 임의적립금 등의 이입액		-		-
III. 이익잉여금처분액		8,138,222		18,556,338
1. 기업합리화적립금	2,500,000		5,000,000	
2. 배당금	2,405,428		2,405,428	
주당배당금(률)				
당기 - 보통주: 354원(354%)				
우선주: 355원(355%)				
전기 - 보통주: 354원(354%)				
우선주: 355원(355%)				
3. 연구및인력개발준비금	3,000,000		10,000,000	
4. 시설적립금	232,794		1,150,910	
IV. 차기이월미처분이익잉여금		30		30

배당금은 손익계산서에서 찾을 수 없고, 꼭 이익잉여금처분계산서에서 확인해야 한다. 배당금은 회사의 비용이 아니기 때문이다. 주주가 자본, 즉 내 돈에서 자기 몫을 가져가는 것이다. 주주가 투자한 자본으로 회사는 열심히 돈을 벌고 돈을 쓰고 돈을 남긴다. 사업을 잘하면 해마다

이익이 늘어난다. 그런데 주주의 돈으로 번 돈이니 주주에게 이익을 나눌 수 있다. 이것이 배당이다. 배당은 현금으로 주기도 하고 주식으로 주기도 한다. 배당은 의무가 아니라 회사(이사회)의 선택이다.

자사주 매입의 비밀

배당을 하지 않고 자기주식을 매입하는 경우도 있다. **자기주식 취득** 또는 **자사주 매입**이라고 한다. 상장사가 스스로 발행한 주식을 자기 돈으로 매입하는 건데 이상하지 않나? 자기주식을 왜 자기가 살까?

참고로 자기주식을 자기가 사면 자사주다. 자사주는 의결권이 없고 배당금도 못 받는다. 그런데 왜 '셀프 매입'을 할까?

주식수는 한정되어 있다. 그런데 회사가 자기주식을 사면 시장에 유통되는 주식수가 줄어든다. 어떤 물건이든 사고 싶은 사람은 많은데 살 수 있는 물건이 줄어들면 값이 오른다. 자기주식을 매입하는 이유가 여기에 있다. 살 수 있는, 즉 유통되는 주식수가 줄면 주가가 오를 수 있기 때문이다. 그래서 상장사의 자사주 매입은 주주친화정책의 일환으로 본다. 게다가 상장사가 자사주를 산 뒤 주식을 스스로 없애는 자사주 소각을 할 경우 시장에선 주가 상승의 호재로 받아들이는 경우가 많다.

상장사가 자사주를 매입하면 나중에 다시 팔거나 다른 누군가에게 나눠줄 수 있다. 그런데 자사주 소각은 아예 주식을 소멸하는 행위라 주식 수가 확실하게 줄어드는 효과가 있다. 자사주 매입은 주가를 안정시

킬 수 있고, 주주들은 주식 가격이 오르거나 안정되기 때문에 좋다. 배당금은 세금을 내야 하지만, 회사의 자기주식 매입으로 인한 주가 상승에는 별도의 세금도 없다. 또 회사는 경영권 방어 목적으로 자기주식을 매입한다. 2020년 연결기준 자본금이 110억 원이고, 이익잉여금이 2조 8,568억 원인 회사가 있다. 110억 원 투자해서 총자본 3조 1,447억 원(이익잉여금 2조 8,568억 원)으로 불렸으니 사업을 정말 잘한 게 아닐까?

우리나라에서 제일 잘 나가는 게임 회사 엔씨소프트가 그렇다. 자본금과 이익잉여금 크기를 비교하면 사업을 잘했는지 못했는지 알 수 있다. 사업을 잘 못한 회사는 이익잉여금이 아니라 결손금이 잡히거나, 자본금보다 이익잉여금이 더 적다.

삼성전자는 어떨까? 2020년 연결기준 자본금은 8,975억 원이고, 이익잉여금은 271조 682억 원이다. 8,975억 원으로 총자본 275조 9,480억 원(이익잉여금 271조 682억 원)을 만들다니 정말 대단하다.

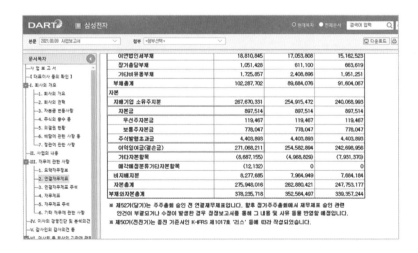

이익잉여금	·	·	회사의 순이익이 쌓여 있는, 즉 순이익의 누적금액
배당	·	·	이익은커녕 손실만 쌓여 있는 손실의 누적금액
적립	·	·	회사의 미래를 위해 또는 법에 의해 이익잉여금을 쌓아두는 정책
결손금	·	·	회사의 주인인 주주에게 몫의 일부를 돌려주는 행위
자기주식 취득	·	·	회사가 자기 주식을 셀프 매입하는 행위

회계 회화

영인: 직장생활 20년을 했는데, 남은 돈이 한 푼도 없네.
수진: 너 이익잉여금 어디에 처분했니?

민아: 올해는 고생했으니까 좋은 곳으로 여행 다녀와야지.
영수: 그래. 수고한 너에게 배당을 해야지.

민아: 미안한데 밥 좀 사줄래? 돈이 없다.
수진: 결손 상태구나? 알았어!

액션 플랜

★ ★ ★ ★ ★

관심 있는 기업의 자본변동표를 확인해보자.

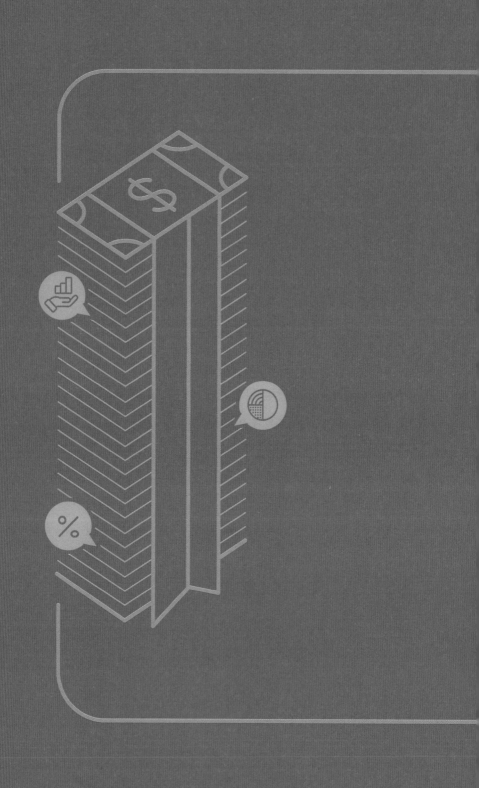

손익계산서 읽기
: 수익과 비용

기업이 얼마를 벌고 얼마를 썼나 따져보자

손익계산서는 어떻게 생겼나

손익계산서는 회사가 돈을 얼마나 벌었고, 돈을 벌기 위해 얼마를 썼으며, 세금으로 얼마를 냈는지 그래서 최종적으로 얼마 남았는지를 보여준다.

손익계산서 회계등식인 [수익-비용]을 기억하자. 손익계산서는 크게 수익과 비용으로 구분할 수 있는데, 수익은 번 돈이고 비용은 쓴 돈이다. 잊지 말아야 할 것은 비용은 그냥 쓴 돈이 아니라 '돈을 벌기 위해 쓴 돈'이라는 사실이다. 회사가 수익과 상관없이 돈을 펑펑 쓴다면 절대 투자하고 싶지 않을 테니 말이다.

손익계산서	구분
매출액	수익
(−)매출원가	비용
=매출총이익	
(−)판매비와 관리비	비용
=영업이익	
(+)영업외수익(기타, 금융)	수익
(−)영업외비용(기타, 금융)	비용
=법인세비용차감전순이익	
(−)법인세비용	비용
=당기순이익	

수익에는 영업수익(매출액)과 영업외수익(기타, 금융), 비용에는 영업비용(매출원가, 판매비와 관리비)과 영업외비용(기타, 금융), 법인세비용이 있다. 매출액으로 시작해 당기순이익으로 끝나는 손익계산서는 결국 얼마를 벌고 최종적으로 얼마를 남겼는지가 핵심이다.

01

마진의 진짜 이름은
매출총이익

매출총이익(Gross Profit)
매출액에서 매출원가를 빼고 남은 돈, 제품의 마진

빵집을 차려서 빵 하나를 2,000원에 판다고 가정해보자. 빵 하나를 만드는 데 드는 비용이 1,000원일 때, 빵 하나를 팔면 1,000원이 남는다. 이렇게 빵 하나를 팔았을 때 남는 돈을 마진이라 하는데 바로 이것이 **매출총이익**이다. 빵 하나를 판 돈은 **매출액**, 빵을 만드는 데 들어간 돈은 **매출원가**, 빵 하나 팔아서 남은 돈은 매출총이익이다.

손익계산서의 시작점, 매출액은 회사가 번 돈이다. 손익계산서의 맨 위에 위치한 만큼 매우 중요한 숫자다. 제품이나 상품이 없는 서비스업, 금융업의 경우 매출액 대신 '영업수익'으로 표현한다.

삼성전자의 경우 매출액은 반도체를 팔고, 스마트폰을 팔고, 가전을 판 금액이다. 손익계산서에 매출액 전체 금액이 나오지만, 어떤 제품을 팔았는지 세부내역을 보려면 '사업의 내용'에 들어가야 한다.

삼성전자의 [사업보고서]-[사업의 내용]-[주요 제품 매출]을 클릭해 들어가 삼성전자의 매출은 CE, IM, DS, Harman, 기타로 나누어져 있다. CE는 가전, IM은 스마트폰, DS는 디스플레이와 반도체, Harman 은 음향과 전장부품이다.

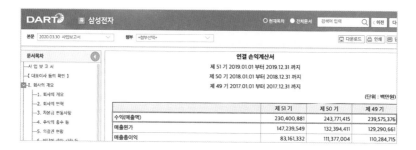

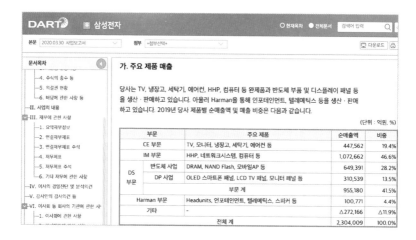

2019년 기준으로 삼성전자에서 가장 매출이 높은 사업은 107조 원을 기록한 IM 부문이다. 반도체가 가장 높을 줄 알았는데 의외다. 반도체 매출은 65조 원으로 IM 부문에 이어 두 번째로 크다. 가장 낮은 매출은 10조 원의 Harman 부문이다. 그래도 각 사업 부문 매출이 웬만한 중견 대기업 수십 개를 합친 수준이다.

매출액의 솔메이트, 매출원가

그냥 돈만 번다면 얼마나 좋을까? 하지만 돈을 벌었다면 반드시 비용이 발생한다. 세상에 공짜 점심은 없다. 회계에는 '수익비용 대응의 원칙'이라는 게 있는데, '번 돈에는 쓴 돈이 있다'라는 뜻이다. 매출액이 있다면 매출을 내기 위해 쓴 돈이 있다. 매출액의 솔메이트, 매출원가다.

LG전자 가전제품을 예로 들어보겠다. 가전제품을 팔았다면 매출, 가전제품을 만들기 위해 들어간 재료비, 인건비, 기타 경비 등은 매출원가다. 매출액의 없어서는 안 될 동반자로 매출을 올리기 위해 반드시 필요한 비용이다. 매출과 상관없다면 매출원가 자격이 없다.

재고자산 편에서 제품을 만들거나 상품을 사면 재고자산이 생긴다고 설명했다. 재고자산이 팔리면 손익계산서상 매출액에 판매가가 올라가고, 매출원가에 재고자산 금액이 반영된다. 재고자산이 팔려야 매출원가에 반영되는 것이다. 제품이나 상품이 있는데 안 팔리면 재고자산, 팔리면 매출원가. 이렇게 생각하면 쉽다.

제품을 판매한 금액(매출액)에서 제품을 만들기 위해 쓴 돈(매출원가) 을 빼면 매출총이익이 나온다. 매출총이익은 시장 할머니도 아는 영어, **마진**이라고도 부른다.

제품들의 마진은 얼마일까?

자, 아래 그림에서 마진이 가장 많이 남는 제품은 뭘까? 우리 주변에 서 흔히 소비되는 제품들이다. 이 제품들을 소비하면서 '이거 하나 팔면 얼마나 남길래 기업들이 승승장구하는 거지?'라는 생각을 해본 적이 있 을 것이다. 없으면 말고.

진로이즈백 소주, 농심 신라면, 스타벅스 아이스 아메리카노, 아모 레퍼시픽 설화수 자음생 에센스, 이 중에서 마진이 가장 많은 제품은 뭘까?

출처: 하이트진로, 농심, 스타벅스커피 코리아, 아모레퍼시픽 보도자료

그런데 문제가 있다! 판매가격이 천차만별이다. 진로이즈백 소주 한 병은 1,700원, 설화수 자음생 에센스 30밀리리터는 아모레퍼시픽몰 기준으로 130,000원이다. 제품의 마진, 매출총이익을 계산한다고 해도 비교가 불가능하다. 이때 필요한 것이 바로 **매출총이익률**이다. 판매가 대비 얼마가 남는지 백분율로 알아보는 수익성 지표다.

매출총이익률을 구하는 공식은 다음과 같다.

$$매출총이익률 = \frac{매출총이익}{매출액} \times 100$$

매출총이익률로 매출액에서 매출원가를 빼면 얼마가 남는지 직관적으로 알 수 있다. 앞으로 이런 이익률 표현을 자주 배울 텐데, 이익률을 알아야 회사의 손익구조가 보인다.

각 제품의 매출총이익률을 계산해보자, 진로이즈백 소주는 43.2%, 농심 신라면은 31.7%, 스타벅스 아이스 아메리카노는 53.6%, 아모레퍼시픽 설화수 자음생 에센스는 71.4%가 남는다.

어떻게 알았냐고? 회계 강의를 많이 하다 보면 제품만 봐도 매출총이익률이 바코드처럼 딱 보인다. 물론 농담이다. 제품을 판매하는 회사의 손익계산서에서 매출액, 매출원가, 매출총이익을 기준으로 계산했다. 참고로 2020년 연결기준(종속기업이 없는 스타벅스만 개별)으로 뽑았다.

매출총이익률을 계산했으니 판매가격을 전부 10,000원으로 놓고 보자. 그럼 더 직관적으로 볼 수 있다. 진로이즈백 소주는 10,000원에 팔면 4,300원이 남고, 농심 신라면은 3,200원이 남는다. 신라면이 많이

구분	하이트진로	농심	스타벅스커피 코리아	아모레퍼시픽
매출액	22,563	26,398	19,284	44,322
매출원가	12,813	18,026	8,954	12,654
매출총이익	9,750	8,372	10,330	31,668
매출총이익률	43.21%	31.71%	53.57%	71.45%

남을 줄 알았는데 의외다. 스타벅스 아이스 아메리카노는 5,400원이 남고, 아모레퍼시픽 설화수 자음생 에센스는 7,100원이 남는다. 화장품이 압도적으로 많이 남는다. 화장품 '후'와 '숨' 브랜드로 유명한 LG생활건강의 매출총이익률은 2020년 연결기준으로 62.2%다. LG생활건강 화장품 역시 신라면 등 다른 제품보다 압도적으로 이익을 많이 남긴다.

　매출원가가 없는 기업들도 있다. 대표적으로 IT, 게임, 금융 등 서비스업은 매출총이익률이 없다. 제품을 만들지 않으니 매출원가 자체가 없는 것이다.

　엔씨소프트는 게임 서비스업이므로 제품을 만들 일이 없어 매출원가가 없다. 그래서 손익계산서에 매출액 대신 영업수익으로, 매출원가 대

신 영업비용으로 표시한다.

하지만 제조업에선 매출총이익률이 가장 중요하다. 매출총이익률이 얼마나 남는 장사인지 결정하기 때문이다. 2020년 연결기준으로 현대자동차와 LG전자, 아모레퍼시픽의 매출총이익률을 비교해보자.

구분	현대자동차	LG전자	아모레퍼시픽
매출총이익률	17.77%	25.79%	71.45%

같은 제조업인데 매출총이익률이 다 다르다. 이처럼 업종이 다를 경우 매출총이익률을 비교하는 건 별 의미가 없다. 동일 업종의 경쟁사와 매출총이익률을 비교해야 의미가 있다. 예를 들어 아모레퍼시픽의 매출총이익률을 비교하려면 LG전자가 아니라 LG생활건강과 비교해야 한다.

매출총이익률은 회사의 생산 경쟁력이 높은지 낮은지를 알려준다. 매출총이익률이 높으면 '만드는 데 비용이 적게 드네!', '아하~ 생산 효율성이 높구나!' 이렇게 생각하자. 생산 효율성이 높으면 경쟁기업과 똑같이 팔아도 많이 남길 수 있다. 매출총이익률을 높이려면 매출액도 중요하지만, 매출원가 관리가 무엇보다 중요하다. 매출이 크게 늘었다고 좋아해도 매출원가가 크게 늘어났다면 매출총이익에는 별 차이가 없다. 매출이 줄어도 제품을 생산하는 공정을 혁신해 매출원가를 절감한다면 매출총이익이 늘어 매출총이익률을 높일 수 있다.

매출액	•	•	회사의 생산경쟁력을 알려주는 이익률
매출원가	•	•	제품을 생산할 때 드는 돈
매출총이익	•	•	매출액에서 매출원가를 빼고 남은 돈, 제품의 마진
매출총이익률	•	•	제품을 판매해서 번 돈

회계 회화

서대리: 역시 이 집 칼국수가 최고야. 사람들 줄 선 거 봐. 떼돈 벌겠어!

윤대리: 에이 무슨~ 칼국수 팔아서 얼마나 남겠어?

서대리: 아니야. 칼국수 집은 매출원가가 낮아서 웬만하면 안 망한대. 재료비라고 해봤자 육수는 계속 우려내면 되고, 계란에 파, 마늘 정도잖아.

윤대리: 칼국수 만드시는 분 인건비랑 전기료, 수도료도 다 포함해야지.

서대리: 그러네. 칼국수 만드는 데 들어가는 모든 비용이 매출원가가 되겠군.

윤대리: 손님이 많긴 하다. 매출총이익도 많겠지? 나도 칼국수 진짜 좋아하는데, 나중에 칼국수집이나 차려 볼까?

서대리: 윤대리가 차리면 내가 하루에 두 번 먹으러 갈게.

윤대리: 서대리가 자주 오면 '단골 찬스' 써서 오히려 매출총이익률이 낮아질 것 같은데….

액션 플랜

★ ★ ★ ★ ★

관심 있는 기업의 매출총이익을 확인한 후 매출총이익률을 구해보자.

02

판매비와 관리비는
팔기 위해 쓰는 돈

판매비와 관리비
(Selling and Administrative Expenses)
판매할 때, 관리할 때 쓰는 돈

판매비와 관리비, 참 이름도 길다. 제품을 판매할 때 쓴 돈과 회사 관리할 때 쓴 돈인데, 현장에선 이를 줄여 **판관비**라고 부른다. 회사는 제품 생산만 한다고 끝이 아니다. 제품을 팔아야 돈이 되고, 손익계산서 매출액에 숫자가 올라간다.

화장품 사업을 한다고 가정해보자. 화장품을 만들었을 때 저절로 다 팔리면 좋겠지만 현실은 그렇게 녹록지 않다. 우리 회사만 화장품을 팔면 얼마나 좋을까마는 수백, 수천 개의 경쟁 제품이 있다. 이럴 땐 사람들에게 '우리 화장품 여기 있어요. 진짜 좋아요!'라고 알려야 한다. 이런

활동을 **광고** 또는 **홍보**라고 한다.

이뿐만이 아니다. '1+1'으로 제품을 묶어 팔거나 구매 고객에게 샘플을 제공하는 등의 판매 촉진 활동도 필요하다. 백화점이나 아웃렛, 면세점 등에서 판매하면 수수료도 내야 한다. 그리고 TV나 라디오, 신문 등 각종 매체에 광고도 해야 한다. 이 모든 게 **판매비**다. 경쟁이 치열한 업종의 기업들은 판매비가 차지하는 비율이 꽤 높다. 강력한 브랜드를 갖고 있거나 독점 기업이라면 이런 판매비를 절감할 수 있어 남는 게 많다. 잘 키운 브랜드 하나 다른 열 브랜드 안 부러운 이유다.

회사가 잘 돌아가려면 관리가 필요하다. 관리와 유지에 쓰는 돈이 바로 **관리비**다. 본사와 본부는 사업을 지원해주는 스태프 부서가 모인 곳이다. 인사팀, 재무팀, 총무팀, 영업관리팀 등 스태프 부서에서 쓰는 돈이 전부 관리비다. 스태프 부서의 급여나 건물 임차료, 각종 공과금, 전기료 등이 포함된다. 누군가와 말할 때 판매비와 관리비라고 말하지 말고, '판관비'라고 줄여 말하자. 뭔가 선수 같아 보인다.

아모레퍼시픽 포괄손익계산서를 보자. 제품을 만드는 데 쓰는 돈, 매출원가가 1조 1,654억 원인데 판매비와 관리비는 2조 3,080억 원이다. 판매비와 관리비가 매출원가보다 2배 가까이 더 많다.

도대체 어디에 돈을 쓴 걸까? 궁금하면 주석을 찾아보자. 판매비와 관리비 주석을 보면 광고선전비, 판매촉진비, 유통수수료가 나온다. 이를 합치니 1조 2,178억 원으로 매출원가보다 많다.

상식적으로 생각하면 제품을 만드는 데 돈이 더 들어갈 것 같은데, 아모레퍼시픽은 매출원가보다 판매비와 관리비에 돈을 더 많이 쓴다. '배

주식회사 아모레퍼시픽 (단위 : 원)

과 목	주석	제 14 (당) 기		제 13 (전) 기	
매출액	4,23,31		3,913,830,165,757		3,670,704,956,645
매출원가	24,31		1,165,353,568,496		1,154,975,320,724
매출총이익			2,748,476,597,261		2,515,729,635,921
판매비와관리비	24,25	2,308,003,987,251		2,143,454,636,984	
영업이익	4		440,472,610,010		372,274,998,937

25. 판매비와관리비 :

당기와 전기 중 회사의 판매비와관리비의 세부 내역은 다음과 같습니다(단위:백만원).

구분	당기	전기
급여 및 퇴직급여	323,197	314,300
복리후생비	70,946	65,002
광고선전비, 판매촉진비	299,994	290,889
감가상각비,무형자산상각비(*)	149,042	111,732
지급수수료	245,610	250,701
유통수수료	917,807	739,775
운반비	67,810	69,066
세금과공과	19,780	20,210
연구개발비	97,684	97,003
기타	116,134	184,777
총 영업비용	2,308,004	2,143,455

(*) 투자부동산 및 사용권자산 상각비가 포함되어 있습니다.

보다 배꼽이 더 큰 거 아닌가?' 싶지만, 화장품 업계가 대부분 그렇다. 소비자에게 직접 판매하는 소비재 업종일수록 판매비와 관리비가 크다. 명품 브랜드라 부르는 루이비통이나 에르메스, 샤넬도 판매비와 관리비에 돈을 많이 쓴다. 이 돈을 아깝다고 할 수 없는 게 팔기 위해 쓰는 돈이기 때문이다. 그렇다면 판매비와 관리비를 줄일 방법은 없을까? 백화점이나 면세점에서 판매하는 경우 발생하는 유통 수수료가 매우 크기 때문에 유통 수수료가 없는 자체 쇼핑몰 판매량을 늘린다면 이익은 증가할 것이다.

우리 회사가 제일 잘나가!
영업이익과 영업이익률

─

이제 매출총이익에서 판관비를 빼보자. 기업의 실적을 말할 때 자주 등장하는 영업이익이 나온다. 영업이익은 손익계산서의 중간에 위치한다. 그만큼 중요하다는 뜻이다. 영업이익은 1년간 회사 영업활동에 대한 성적표로, 회사의 시장 경쟁력을 보여준다.

매출액은 회사의 시장점유율이고, 매출총이익은 회사의 생산 효율성이다. **영업이익**은 본업에서 우리 회사가 얼마나 잘하고 있는지 경쟁력을 보여준다.

영업이익 금액도 중요하지만 더 중요한 건 영업이익률이다. 영업이익이 커도 이익률은 그리 높지 않을 수 있다. **영업이익률**은 회사의 수익성을 평가할 때 가장 중요한 지표다. 만약 영업이익률이 들쭉날쭉하다면 '이 회사 잘하는 거 맞아?'라며 의심해볼 필요가 있다. 반대로 영업이익률이 안정적으로 유지되거나 꾸준히 상승한다면 '이야~ 이 회사 장사 잘하네'라고 보면 된다.

영업이익은 본업에서 영업으로 얻은 이익, 즉 본업의 경쟁력을 보여주므로 최악의 상황은 영업이익이 꾸준히 감소하는 상태다. 본업에서 남는 게 점점 줄어들고 급기야 바닥을 친다면 어떻게 계속 사업을 할 수 있을까?

영업이익률은 매출액에서 영업이익이 얼마나 차지하는지 직관적으로 보여준다. 영업이익률을 구하는 공식은 이렇다.

$$영업이익률 = \frac{영업이익}{매출액} \times 100$$

　동일 업종에 있는 A회사가 영업이익률이 10%이고, B회사가 15%라면 B회사의 수익성이 더 높다는 의미다. 이렇게 회사의 규모가 달라도 영업이익률로 비교하면 쉽게 알 수 있다. 그리고 영업이익률을 비교하면 시장에서 누가 더 경쟁력 있는지 살펴볼 수 있다.

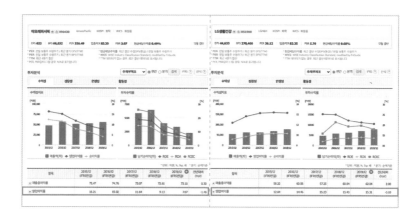

회사명	2015	2016	2017	2018	2019	2020
LG생활건강	12.84%	14.46%	15.23%	15.40%	15.31%	15.56%
아모레퍼시픽	16.21%	15.02%	11.64%	9.13%	7.67%	3.23%

우리나라를 대표하는 화장품 회사는 아모레퍼시픽과 LG 생활건강이다. 두 회사를 비교해보자. 매출총이익률은 아모레퍼시픽이 더 높다.

그런데 영업이익률은 LG 생활건강이 아모레퍼시픽보다 2배나 더 높다. 아래 두 회사의 영업이익률 표를 보면 이해하기 쉽다. 주식시장에서 두 회사의 가치가 갈리는 이유가 여기에 있다.

판매비와 관리비	•	• 회사의 시장 경쟁력 지표
영업이익	•	• 매출액에서 매출원가와 판관비를 빼고 남은 돈, 영업해서 남은 돈
영업이익률	•	• 판매할 때, 관리할 때 쓰는 돈

회계 회화

왕회장: 이제부터 우리 회사는 매년 영업에서 남는 돈의 1%를 사회에 기부하겠습니다.

기자: 영업이익의 1%를 기부하겠다는 거구나.

상혁: 아~ 외롭다! 만나는 사람마다 잘 안 되네.

지민: 판관비 좀 써라. 아무리 진실해도 그렇지.

액션 플랜

★ ★ ★ ★ ★

관심 있는 기업의 영업이익률을 계산해보자. 또는 [네이버 금융]−[종목 분석]−[투자 지표]에서 확인해보자.

03

재테크로 버는 돈,
영업외수익

영업외수익(Non-operating Income)
영업활동이 아닌 투자나 다른 활동으로 번 돈.

20년 치 월급을 한 푼도 사용하지 않고 꼬박 모아도 서울에서 가장 싼 아파트를 사지 못한다고 한다. 저금리에 풍부한 유동성으로 모든 자산의 가치가 뛰어오르고 있다. 오로지 현금의 가치만 땅바닥에 곤두박질치고 있다. 이러니 '근로소득으로 내 생애 아파트 구입은 어렵겠구나'라는 생각이 들 수밖에. 그래서일까. 직장인은 물론 20대 청년, 주부 할 것 없이 모두 주식투자에 뛰어들어 월급 외 수익을 노리는 재테크 열풍이 불고 있다.

직장인만 재테크하는 게 아니다. 회사도 재테크를 한다. 삼성전자가 반도체를 팔아 돈을 벌지만, 남는 돈으로 재테크를 해서 돈을 벌 수도 있다. 이미 앞에서 재테크 목적의 자산에 대해 배웠다. 회사의 투자자산을 보면 어디에 재테크하고 있는지 알 수 있다.

회사는 정기예금을 들거나, 적금에 가입해 이자수익을 내거나, 주식 투자로 배당금을 받거나, 부동산을 구매해 임대수익을 낸다. 이러한 영업외수익이 바로 회사의 재테크 수익이다. 손익계산서의 영업외수익을 보면 회사가 재테크로 얼마를 버는지 알 수 있다.

삼성전자의 주요 사업은 CE, IM, DS, Harman 등이다. 주요 사업에서 번 돈이 매출액이고, 영업수익이다. **영업외수익**은 주요 사업 외에서 번 돈으로, 영업을 통하지 않고 번 돈이다. 손익계산서상 수익을 보면 본업을 통해 번 돈은 영업수익, 본업이 아닌 곳에서 번 돈은 영업외수익으로 구분한다. 매출액 또는 영업수익은 대부분 한 줄이지만, 영업외수익은 금융수익과 기타수익, 지분법이익 등 성격에 따라 나눈다.

삼성전자의 손익계산서를 보자. 수익(매출액)은 영업수익이지만, 영업외수익에 지분법이익, 금융수익, 기타수익이 있다. **지분법이익**은 주식으로 번 돈을 말한다. **금융수익**은 예·적금으로 번 돈을 말하며 **기타수익**은 자산을 처분하거나 임대료 등 다양한 이유로 번 돈이다. 주석을 보면 자세한 내역을 확인할 수 있다.

연결 손익계산서

제 51 기 2019.01.01 부터 2019.12.31 까지
제 50 기 2018.01.01 부터 2018.12.31 까지
제 49 기 2017.01.01 부터 2017.12.31 까지

(단위 : 백만원)

	제 51 기	제 50 기	제 49 기
수익(매출액)	230,400,881	243,771,415	239,575,376
매출원가	147,239,549	132,394,411	129,290,661
매출총이익	83,161,332	111,377,004	110,284,715
판매비와관리비	55,392,823	52,490,335	56,639,677
영업이익(손실)	27,768,509	58,886,669	53,645,038
기타수익	1,778,666	1,485,037	3,010,657
기타비용	1,414,707	1,142,018	1,419,648
지분법이익	412,960	539,845	201,442
금융수익	10,161,632	9,999,321	9,737,391
금융비용	8,274,871	8,608,896	8,978,913

라. 당기 및 전기 중 지분법평가 내역은 다음과 같습니다.

(1) 당기

(단위 : 백만원)

기 업 명	기초평가액	지분법평가내역			기말평가액
		지분법손익	지분법자본변동	기타증감액(*)	
삼성전기㈜	1,126,043	38,458	5,926	(17,693)	1,152,734
삼성에스디에스㈜	1,376,321	166,385	(8,191)	(34,944)	1,499,571
삼성바이오로직스㈜	1,308,546	64,571	3,926	-	1,377,043
삼성SDI㈜	2,197,335	34,279	15,365	(13,463)	2,233,516
㈜제일기획	549,165	42,049	1,360	(22,359)	570,215
삼성코닝어드밴스드글라스(유)	173,499	34	209	-	173,742
기타	582,297	67,184	13,802	(78,492)	584,791
계	7,313,206	412,960	32,397	(166,951)	7,591,612

25. 기타수익 및 기타비용:

당기 및 전기 중 기타수익 및 기타비용의 내역은 다음과 같습니다.

(단위 : 백만원)

구 분	당기	전기
(1) 기타수익		
배당금수익	154,679	131,379
임대료수익	153,357	140,875
투자자산처분이익	48,345	36,388
유형자산처분이익	304,091	387,070
기타	1,118,194	789,325
계	1,778,666	1,485,037
(2) 기타비용		
유형자산처분손실	144,547	90,714
기부금	357,747	310,321
기타	912,413	740,983
계	1,414,707	1,142,018

26. 금융수익 및 금융비용:

당기 및 전기 중 금융수익과 금융비용의 내역은 다음과 같습니다.

(단위 : 백만원)

구 분	당기	전기
(1) 금융수익		
이자수익	2,660,024	2,297,139
- 상각후원가 측정 금융자산	2,659,740	2,296,841
- 당기손익-공정가치 측정 금융자산	284	298
외환차익	6,769,000	6,695,690
파생상품관련이익	732,608	1,006,492
계	10,161,632	9,999,321
(2) 금융비용		
이자비용	686,356	674,617
- 상각후원가 측정 금융부채	248,659	289,993
- 기타금융부채	437,697	384,624
외환차손	6,852,409	7,149,831
파생상품관련손실	736,106	784,448
계	8,274,871	8,608,896

영업외비용이 많은 회사를 조심하라

수익만 있다면 얼마나 좋을까. 앞에서 영업활동 시 발생하는 비용으로 매출원가와 판관비를 배웠다. 매출원가와 판관비를 제외한 비용은 영업외활동에서 발생한 비용이다. 손익계산서는 영업에서 발생한 비용과 영업외활동에서 발생한 비용을 구분해서 보여준다.

앞장의 맨 위에 있는 삼성전자의 손익계산서를 보면 기타비용과 금융비용이 있다. 바로 영업외활동에서 발생한 비용, **영업외비용**이다.

영업비용은 돈을 벌기 위해 들어간 돈이지만, 영업외비용은 영업수익(매출액)과 상관이 없다. 따라서 영업외비용이 갑자기 증가했다면 회사에 문제가 있다는 신호일 수 있다. 예를 들어 특정 사업에서 손실이 발생해 정리한다면 자산처분에 따른 손실이 있을 수 있다. 빚을 많이 졌다면 이자비용이 늘어날 수 있다. 이렇듯 영업외비용이 많이 늘어났다면 주의 깊게 잘 살펴야 한다. 자세한 내용은 주석을 보면 된다.

오른쪽에 있는 손익계산서를 보자. 매출액이 1,937억 원, 영업손실이 100억 원이다. 영업에서 남은 돈은 없고 오히려 100억 원이 마이너스다. 어찌 된 일인지 점점 궁금해진다. 이 회사의 손익계산서에서 영업외수익과 영업외비용을 보자.

영업외수익으로 금융순손익이 9억 원, 기타영업외수익이 147억 원 합쳐서 156억 원이다. '오~ 영업손실을 메꿀 수 있겠군!' 싶었는데, 기타영업외비용에 319억 원이 떡하니 기다리고 있다. 기타영업외비용 때문에 법인세차감전순손실 262억 원에 당기순손실 203억 원으로 도

연결 손익계산서

제 46 기 2018.01.01 부터 2018.12.31 까지
제 45 기 2017.01.01 부터 2017.12.31 까지
제 44 기 2016.01.01 부터 2016.12.31 까지

(단위 : 원)

	제 46 기	제 45 기	제 44 기
매출액	193,717,858,740	250,503,048,569	270,169,022,410
매출원가	116,758,230,509	136,776,558,877	141,387,967,613
매출총이익	76,959,628,231	113,726,489,692	128,781,054,797
판매비와관리비	86,999,897,077	85,020,094,334	76,822,154,502
영업이익(손실)	(10,040,268,846)	28,706,395,358	51,958,900,295
금융순손익	942,718,330	1,048,839,743	536,982,229
기타영업외수익	14,735,380,769	54,356,305,940	40,862,579,387
기타영업외비용	31,870,948,482	6,965,316,726	11,293,113,951
법인세비용차감전순이익(손실)	(26,233,118,229)	77,146,224,315	82,065,347,960
법인세비용	5,970,206,912	25,638,971,205	20,582,490,392
당기순이익(손실)	(20,262,911,317)	51,507,253,110	61,482,857,568

기타영업외비용		
외환차손	106,044	229,902
외화환산손실	217,655	391,078
당기손익인식금융자산평가손실	-	244,346
당기손익-공정가치금융자산 평가손실	21,226,687	-
유형자산처분손실	14,884	-
기타의대손상각비	8,237,460	39,555
기부금	1,424,623	3,951,050
운휴자산상각비	-	194,109
투자자산상각비	214,620	208,972
잡손실	428,977	1,706,305
합 계	31,870,950	6,965,317

로 적자다.

도대체 기타영업외비용에 뭐가 있길래, 이렇게 큰 손실이 났을까? 주석을 보자. 기타영업외비용 319억 원 중 당기손익 – 공정가치금융자산 평가손실이 212억 원이다. 이 녀석 때문에 크게 손실이 났다.

그렇다면 당기손익 – 공정가치금융자산 평가손실은 뭘까? 이 또한 주

석을 찾아보자.

　당기손익-공정가치금융자산의 내역을 보니 주가연계증권에서 209억 원 손실이 났다. 주가연계증권 투자금액이 2,773억 원이다. 매출액이 1,937억 원이니 1년 매출보다 큰 금액을 투자한 셈이다.

(2) 당기말과 전기말 현재 당기손익-공정가치금융자산의 내역은 다음과 같습니다.

(단위 : 천 원)

구 분	당기말			전기말		
	기초가액	장부금액	평가손익	기초가액	장부금액	평가손익
주가연계증권	277,300,000	256,379,683	(20,920,317)	298,204,765	309,795,071	11,590,306
상장주식	8,862,595	9,050,550	187,955	-	-	-
수익증권	19,859,077	22,588,578	2,729,501	3,000,000	2,962,995	(37,005)
사모사채	1,508,842	1,500,358	(8,484)	-	-	-
합 계	307,530,514	289,519,169	(18,011,345)	301,204,765	312,758,066	11,553,301

당기손익 – 공정가치금융자산은 보유하거나 매도하려고 투자한 금융자산인데, 시장가격에 따라 평가손익을 영업외수익 또는 영업외비용에 반영한다.

왼쪽 하단의 그래프는 이 회사의 주식차트다. 최고 6만 5,184원을 찍고 현재 8,140원으로 하락 추세다. 제품도 잘 팔고 재테크도 잘하면 금상첨화지만, 재테크에 '몰빵'했다가 패망할 수도 있다. 상장사의 자본은 주주의 돈이다. 주식시장의 흐름에 따라 회사의 손익이 왔다 갔다 하면 어떻게 믿고 투자할 수 있을지 염려된다.

영업외수익 •	• 주식으로 번 돈
영업외비용 •	• 영업활동이 아닌 투자나 다른 활동에서 발생한 손실 또는 비용
지분법이익 •	• 영업활동이 아닌 투자나 다른 활동으로 돈을 버는 것
금융수익 •	• 예 · 적금으로 번 돈
기타수익 •	• 자산을 처분하거나 임대료 등 다양한 이유로 번 돈

회계 회화

서대리: 아~ 아파트 마련의 꿈이 점점 멀어지는구나. 서울엔 저렇게 많은 아파트가 있는데 내 집은 없네.

윤대리: 진정해. 청약 또 떨어졌어? 그래서 로또라고 하잖아.

서대리: 응, 우울하다. 어차피 내 집 마련은 멀었으니 주식투자에 올인해야지. 세상이 날 이렇게 만드는구나. 고독하구만!

윤대리: 오호~ 월급 말고 영업외수익을 만들려고 그러는구나. 그래! 관심 갖고 공부할수록 돈이 보이는 거니까, 그래도 오늘은 밥이나 먹자고.

서대리: 오~ 오늘 생각지도 못한 꽁치구이가 나왔네! 사장님~ 이거 서비스에요?

홍사장: 응~ 서비스여 서비스! 맛나게 먹어.

윤대리: 와우~ 이거야말로 영업외수익이네!

액션 플랜

★ ★ ★ ★ ★

관심 있는 기업의 영업외손익을 살펴보자.

이자보상배율은
이자 상환능력을 보는 척도

이자보상배율(Interest Coverage Ratio)
영업이익으로 이자비용을 낼 수 있는지 확인하는 지표

이자보상배율? 듣기만 하면 이게 뭔가 싶다. 이자로 보상해주는 건가? 아니면 한국사에서 배운 국채보상운동 같은 걸까.

돈을 빌리면 원금을 상환하기 전까지 약속한 이자를 내야 한다. '이자는 꼬박꼬박 내고 있니? 이자를 낼 만큼 돈은 벌고 있니?' 이것을 확인하는 지표가 이자보상배율이다.

나는 좀비 영화를 좋아한다. 어릴 땐 좋아하지 않았는데 나이가 들면서 좋아하게 됐다. 좀비는 이미 죽은 몸인데도 '으어어어어~' 소리를 내며 돌아다닌다. 옛날 좀비는 두 손을 든 채 천천히 걸어 다녔는데, 요즘 좀비는 막 뛰어다니고 문을 열고 뜯는다. 생체능력이 업그레이드됐다.

잠깐 좀비 영화로 이야기가 샜지만 다시 본론으로 돌아오면, 기업 중에도 좀비가 있다. **좀비기업**은 돈을 벌지만 남는 돈이 이자 낼 돈보다 적은 기업이다. 돈을 벌어도 이자를 못 갚는 기업을 말한다. 보다 구체적으로 말하면, 이자비용이 영업이익보다 많은 상태가 3년 이상 지속될 경우 좀비기업에 해당한다. 좀비기업을 다른 말로 '한계기업'이라고도 한다.

이자보상배율은 이자비용을 감당할 만큼 충분히 영업이익을 내고 있는지 보여주는 지표로 아주 중요해서 국가에서 관리한다. 부채비율이 빚이 많은지 확인하는 지표라면, 이자보상배율은 이자비용을 낼 수 있는 능력을 확인하는 지표다.

부채비율이 늘어나고 이자보상배율이 낮아진다면 아주 나쁜 신호라 봐야 한다. 이는 빚은 계속 늘어나고 과도한 빚으로 인해 이자비용을 감당할 능력이 떨어지고 있다는 의미다.

이자보상배율이 1 미만이라면 좀비기업

삼성중공업 손익계산서를 보자. 영업이익이 아니라 연속 영업손실을 기록했다. 이미 영업손실로 이자를 감당할 수 없는 상태다. 그래도 이자보상배율을 계산해보자.

이자보상배율을 구하는 공식은 다음과 같다.

$$이자보상배율 = \frac{영업이익(또는\ 영업손실)}{이자비용}$$

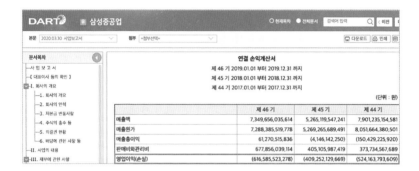

31. 금융수익과 원가

금융수익과 **금융원가**의 내역은 다음과 같습니다(단위:천원).

구분	당기	전기
금융수익:		
이자수익	25,517,640	20,732,144
외환차익	13,899,477	15,032,571
외화환산이익	20,348,640	3,728,304
파생상품평가이익	35,430,416	14,560,640
파생상품거래이익	206,074,959	138,538,034
합 계	301,271,132	192,591,693
금융원가:		
이자비용	123,190,318	122,645,192
외환차손	18,208,683	25,879,496
외화환산손실	9,252,928	9,758,547
파생상품평가손실	33,964,485	7,334,374
파생상품거래손실	253,738,600	141,390,913
합 계	438,355,014	307,008,522

이자비용은 영업외비용에서 구할 수 있다. 먼저 손익계산서에서 금융비용 또는 금융원가를 찾자. 그렇다고 금융비용 또는 금융원가가 전부 이자비용은 아니다. 꼭 주석을 찾아 이자비용을 확인해야 한다.

금융원가 4,383억 원 중 이자비용이 1,232억 원이다. 영업손실 -6,166억 원이다. 이제 이자보상배율을 구해보자.

$$\frac{-6,166억}{1,232억} = -5$$

삼성중공업의 이자보상배율은 -5다. 이자보상배율은 보통 3 이상 나와야 정상적인 기업으로 본다. 영업으로 남기는 돈이 이자비용보다 최소 3배 많아야 양호하다는 뜻이다.

삼성중공업은 2015년부터 2019년까지 5년 연속 영업손실을 기록했다. 이자보상배율이 1 미만으로 좀비기업 상태다. 한때 세계를 호령했던 조선업계의 최고 기업이었는데, 세계적인 조선업 불황으로 이런 상황을 맞이했다.

이번에는 삼성전자의 이자보상배율을 보자. 직접 계산하지 않아도 네이버 금융이나 에프앤가이드를 참고하면 알 수 있다. 네이버 금융에서 [종목분석]-[투자자료]로 들어가 확인해 보니, 삼성전자의 이자보상배율은 2019년 12월 말 연결기준으로 40.46이다. 이자비용보다 영업이익이 40배 많다. 2015년부터 이자보상배율이 30 이하로 떨어진 적이 없다. 하물며 2017~2018년에는 80을 넘었다.

이자비용이 아예 없는 기업도 있다. 빙그레는 이자보상배율이 2019

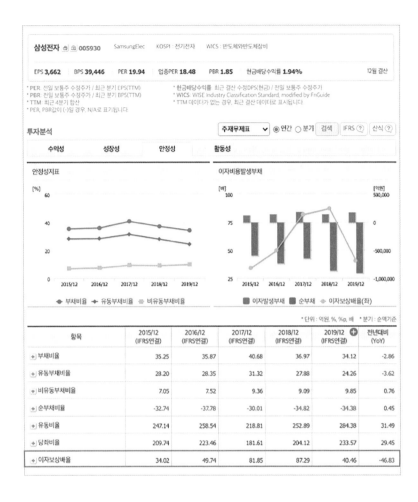

삼성전자 ⬆️ 🔖 005930   SamsungElec   KOSPI : 전기전자   WICS : 반도체와반도체장비

| EPS **3,662** | BPS **39,446** | PER **19.94** | 업종PER **18.48** | PBR **1.85** | 현금배당수익률 **1.94%** | | 12월 결산 |

* PER : 전일 보통주 수정주가 / 최근 분기 EPS(TTM)
* PBR : 전일 보통주 수정주가 / 최근 분기 BPS(TTM)
* TTM : 최근 4분기 합산
* PER, PBR값이 (-)일 경우, N/A로 표기합니다.
* 현금배당수익률 : 최근 결산 수정DPS(현금) / 전일 보통주 수정주가
* WICS : WISE Industry Classification Standard, modified by FnGuide
* TTM 데이터가 없는 경우, 최근 결산 데이터로 표시합니다.

투자분석

[수재무제표 ▾] ◉연간 ○분기 [검색] [IFRS ?] [산식 ?]

| 수익성 | 성장성 | 안정성 | 활동성 |

안정성지표

이자비용발생부채

◆ 부채비율   ◆ 유동부채비율   ▩ 비유동부채비율

◼ 이자발생부채   ◼ 순부채   ◆ 이자보상배율(좌)

* 단위 : 억원, %, %p, 배   * 분기 : 순액기준

항목	2015/12 (IFRS연결)	2016/12 (IFRS연결)	2017/12 (IFRS연결)	2018/12 (IFRS연결)	2019/12 ➕ (IFRS연결)	전년대비 (YoY)
➕ 부채비율	35.25	35.87	40.68	36.97	34.12	-2.86
➕ 유동부채비율	28.20	28.35	31.32	27.88	24.26	-3.62
➕ 비유동부채비율	7.05	7.52	9.36	9.09	9.85	0.76
➕ 순부채비율	-32.74	-37.78	-30.01	-34.82	-34.38	0.45
➕ 유동비율	247.14	258.54	218.81	252.89	284.38	31.49
➕ 당좌비율	209.74	223.46	181.61	204.12	233.57	29.45
➕ 이자보상배율	34.02	49.74	81.85	87.29	40.46	-46.83

년 12월 말 연결기준으로 231.22다. 돈을 빌렸을 때 내는 이자비용이 아예 없다. 이런 회사를 보고 '무차입경영을 한다'라고 한다.

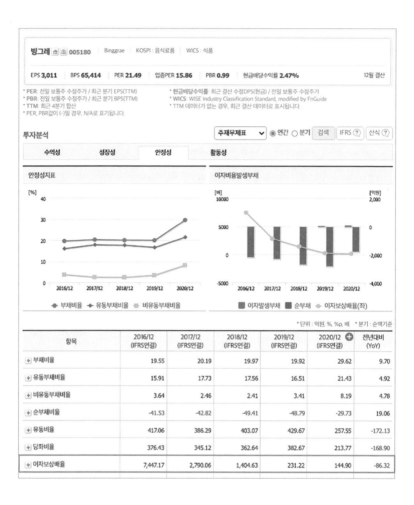

빙그레 🔊 🔖 005180 | Binggrae | KOSPI : 음식료품 | WICS : 식품

| EPS **3,011** | BPS **65,414** | PER **21.49** | 업종PER **15.86** | PBR **0.99** | 현금배당수익률 **2.47%** | 12월 결산 |

* PER: 전일 보통주 수정주가 / 최근 분기 EPS(TTM)
* PBR: 전일 보통주 수정주가 / 최근 분기 BPS(TTM)
* TTM: 최근 4분기 합산
* PER, PBR값이 (-)일 경우, N/A로 표기됩니다.
* 현금배당수익률: 최근 결산 수정DPS(현금) / 전일 보통주 수정주가
* WICS: WISE Industry Classification Standard, modified by FnGuide
* TTM 데이터가 없는 경우, 최근 결산 데이터로 표시됩니다.

투자분석

주재무제표 ⌄ | ◉ 연간 ○ 분기 | 검색 | IFRS ⑦ | 산식 ⑦

| 수익성 | 성장성 | **안정성** | 활동성 |

안정성지표

이자비용발생부채

● 부채비율 ◆ 유동부채비율 ■ 비유동부채비율

■ 이자발생부채 ■ 순부채 ◆ 이자보상배율(좌)

* 단위 : 억원, %, %p, 배　* 분기 : 순액기준

항목	2016/12 (IFRS연결)	2017/12 (IFRS연결)	2018/12 (IFRS연결)	2019/12 (IFRS연결)	2020/12 ⊕ (IFRS연결)	전년대비 (YoY)
⊕ 부채비율	19.55	20.19	19.97	19.92	29.62	9.70
⊕ 유동부채비율	15.91	17.73	17.56	16.51	21.43	4.92
⊕ 비유동부채비율	3.64	2.46	2.41	3.41	8.19	4.78
⊕ 순부채비율	-41.53	-42.82	-49.41	-48.79	-29.73	19.06
⊕ 유동비율	417.06	386.29	403.07	429.67	257.55	-172.13
⊕ 당좌비율	376.43	345.12	362.64	382.67	213.77	-168.90
⊕ 이자보상배율	7,447.17	2,790.06	1,404.63	231.22	144.90	-86.32

이자비용 • • 영업이익으로 이자비용을 낼 수 있는지 확인하는 지표

좀비기업 • • 원금은커녕 이자도 못 갚는 기업

이자보상배율 • • 돈을 빌리면 원금을 상환하기 전까지 지급하는 비용

회계 회화

나희: 아, 이번 달에 돈을 너무 많이 써서 이자를 낼 돈도 없어.

은수: 너 이자보상배율에 문제 있겠어. 신경 좀 써.

민아: 저금리라 이자비용이 완전 싸! 돈 좀 빌릴까?

영수: 이자보상배율 계산하고 빌려. 안 그럼 좀비 된다.

나희: 이번 달에도 이자도 못 내고 있어. 어쩌지?

영수: 좀비기업이네. 얼마 필요해?

액션 플랜

★ ★ ★ ★ ★

포털사이트에서 '좀비기업' 또는 '한계기업'을 검색한 후 기사 내용을 읽어보자.

05

회사가 최종적으로 손에 쥐는 몫, 당기순이익

당기순이익(Net Income)
회사가 최종적으로 손에 쥐는 몫, 세후이익

돈을 아무리 많이 벌어도 많이 쓰면 남는 게 없다. 사업을 한다고 치자. 돈을 많이 벌지만 손에 쥐어지는 게 한 푼도 없다면 어떻게 해야 할까? 당장 사업을 접어야 한다. 최종적으로 내 손에 쥘 수 있는 돈이 많아야 사업을 유지할 수 있고 성장도 할 수 있다.

회사가 최종적으로 손에 쥐는 몫, 이것이 **당기순이익**이다. '세후이익'이라고도 한다. 번 돈보다 쓴 돈이 많아 손에 쥐기는커녕 있는 돈으로 써야 할 돈을 메꿔야 한다면 **당기순손실**인 상태다.

회사가 영업으로 번 돈(매출액)에서 영업으로 쓴 돈(매출원가, 판매비,

관리비)을 빼면 영업이익이 나온다. 영업이익에서 영업외활동으로 번 돈(영업외수익)을 더하고 영업외활동에서 쓴 돈(영업외비용)을 빼면 **법인세비용차감전순이익**이 나온다. 여기에 마지막 비용! 회사가 번 돈에 대한 세금, **법인세비용**을 빼면 당기순이익을 얻을 수 있다.

당기순이익은 회사의 주인인 주주에게 가장 중요한 지표다. 그래서 '주주의 몫'이라고 한다. 회사는 당기순이익이 나면 주주에게 이익의 일부를 돌려주는 배당을 한다. 당기순이익이 적으면 당연히 배당도 적다. 이익 전체를 배당해도 되지만 보통 그렇게는 하지 않는다. 회사도 성장을 위한 투자가 필요하기 때문에 어느 정도 돈을 남겨둬야 한다.

앞에서도 언급했듯 사실 배당은 의무가 아니다. 그럼에도 상장회사라면 배당을 통해 주주와 회사가 함께 성장하겠다는 의지를 보여주는게 좋지 않을까? 나는 주식투자를 할 때 배당을 하는 회사인지 아닌지보고 투자를 결정한다. 개인적인 투자원칙이다.

배당을 하지 않는다면 결과는?

———

손익계산서를 보면 거의 가장 밑에 당기순이익이 자리하고 있다. 당기순이익은 재무상태표의 이익잉여금과 연결되어 있고, 자본변동표에도 연결되어 있다.

더본코리아의 2019년 손익계산서를 보자. 당기순이익이 79억 5,308만 8,605원(7,953,088,605원)이다.

5.채권매각이익	54,341,700	143,116,052
4. 지분법이익(주석3)	542,981,443	541,024,444
5. 투자자산처분이익	-	6,593,085
6. 유형자산처분이익	25,654,378	67,293,877
7. 정부보조금	240,000,000	
8. 잡이익	80,049,202	190,589,095
VII. 영업외비용	2,195,769,437	3,778,612,104
1. 이자비용	339,152,660	346,931,325
2. 외환차손	7,010,047	3,593,677
3. 외화환산손실	45,487,610	25,809,813
4. 기부금	170,636,148	200,225,078
5. 기타의대손상각비	454,866,399	578,207,438
6. 지분법손실(주석3)	1,116,560,995	2,459,539,620
7. 투자자산처분손실	10,229,388	
8. 유형자산처분손실	32,951,677	153,235,413
9. 잡손실	18,874,513	11,069,740
VIII. 법인세비용차감전순이익	10,418,492,409	7,915,800,492
IX. 법인세비용(주석12)	2,465,403,804	1,329,282,775
X. 당기순이익	7,953,088,605	6,586,517,717

　당기순이익 7,953,088,605원은 재무상태표의 자본에서 이익잉여금 중 미처분이익잉여금에 반영된다. 미처분이익잉여금을 전기와 비교하면 당기순이익 7,953,088,605원만큼 증가했다.

7. 당기법인세부채(주석12)	2,389,870,115	182,630,978
8. 유동성장기부채(주석4,7,15)	5,673,404,940	686,175,846
II. 비유동부채	16,265,394,434	15,459,780,321
1. 장기차입금(주석4,7,15)	9,111,864,435	8,722,033,919
2. 퇴직급여충당부채	54,354,374	83,989,758
3. 장기미지급금(주석7)	36,929,625	81,826,644
4. 임대보증금	30,000,000	32,000,000
5. 재료보증금	7,032,246,000	6,539,930,000
부 채 총 계	44,715,637,395	33,465,620,858
자 본		
I. 자본금(주석1,8)	2,049,725,000	2,049,725,000
1. 보통주자본금	2,049,725,000	2,049,725,000
II. 자본잉여금	4,425,755,200	4,425,755,200
1. 주식발행초과금	4,425,755,200	4,425,755,200
III. 기타포괄손익누계액	10,004,752	(71,407,502)
1. 지분법자본변동	158,813,285	116,041,450
2. 부의지분법자본변동	(148,808,533)	(187,448,952)
IV. 이익잉여금(주석9)	57,813,329,293	49,860,240,688
1. 이익준비금	204,859,736	204,859,736
2. 미처분이익잉여금	57,608,469,557	49,655,380,952

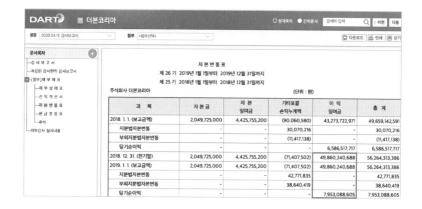

이번엔 자본변동표에서 이익잉여금을 확인해보자. 마찬가지로 당기순이익 7,953,088,605원만큼 이익잉여금이 증가했다. 이 회사는 배당을 하지 않았다. 그래서 당기순이익이 그대로 이익잉여금으로 옮겨갔다. 만약 배당을 했다면 이익잉여금에서 배당한 돈만큼 빠졌을 것이다.

당기순이익이 영업이익보다 커지는 마법

영업이익보다 당기순이익이 크다는 건 어떤 상황일까? 영업이익에서 영업외수익을 더한 후 영업외비용과 법인세비용까지 빼야 당기순이익이 나온다. 상식적으로 생각하면 당기순이익이 영업이익보다 적어야 맞는 계산이다. 영업활동에서 남은 돈이 어떻게 세금까지 뺀 최종적인 몫(당기순이익)보다 적을까? 영업외활동에서 무슨 일이 일어난 게 분명하다.

일례로 현대자동차그룹은 지난 2014년 서울 강남 삼성동에 있는 한국전력 부지를 10조 5,500억 원에 매입했다. 한국전력은 이 부지를 팔고 얼마의 이익을 봤을까?

한국전력의 삼성동 부지는 장부상(오른쪽 상단 표) 약 2조 908억 원이다. 그런데 10조 5,500억 원에 팔았으니 8조 원이 넘는 엄청난 차익을 봤다. 한국전력의 주요 사업은 전기 판매다. 땅을 파는 건 영업외활동이다. 따라서 부지를 처분한 이익은 영업외수익이다.

한국전력의 2015년 연결 포괄손익계산서를 보면 기타이익에 8조 6,108억 원이 있다. 기타이익에는 다양한 이익이 있을 테니 자세한 내역을 주석에서 확인해보자.

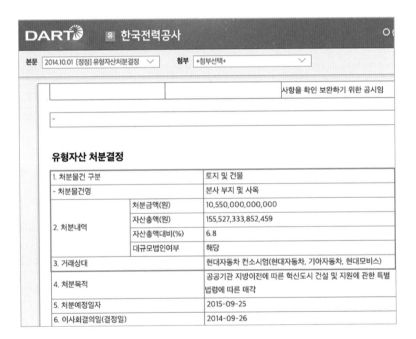

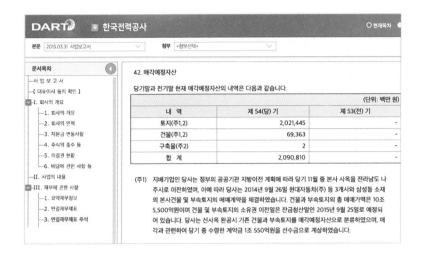

문서목차
—사 업 보 고 서
—[대표이사 등의 확인]
—I. 회사의 개요
  —1. 회사의 개요
  —2. 회사의 연혁
  —3. 자본금 변동사항
  —4. 주식의 총수 등
  —5. 의결권 현황
  —6. 배당에 관한 사항 등
—II. 사업의 내용
—III. 재무에 관한 사항
  —1. 요약재무정보
  —2. 연결재무제표
  —3. 연결재무제표 주석

42. 매각예정자산

당기말과 전기말 현재 매각예정자산의 내역은 다음과 같습니다.

(단위: 백만 원)

내 역	제 54(당) 기	제 53(전) 기
토지(주1,2)	2,021,445	-
건물(주1,2)	69,363	-
구축물(주2)	2	-
합 계	2,090,810	-

(주1) 지배기업인 당사는 정부의 공공기관 지방이전 계획에 따라 당기 11월 중 본사 사옥을 전라남도 나
주시로 이전하였며, 이에 따라 당사는 2014년 9월 26일 현대자동차(주) 등 3개사와 삼성동 소재
의 본사건물 및 부속토지의 매매계약을 체결하였습니다. 건물과 부속토지의 총 매매가액은 10조
5,500억원이며 건물 및 부속토지의 소유권 이전일은 잔금청산일인 2015년 9월 25일로 예정되
어 있습니다. 당사는 신사옥 완공시 기존 건물과 부속토지를 매각예정자산으로 분류하였으며, 매
각과 관련하여 당기 중 수령한 계약금 1조 550억원을 선수금으로 계상하였습니다.

연결 포괄손익계산서

제 55 기 2015.01.01 부터 2015.12.31 까지
제 54 기 2014.01.01 부터 2014.12.31 까지
제 53 기 2013.01.01 부터 2013.12.31 까지

(단위 : 백만 원)

	제 55 기	제 54 기	제 53 기
매출액	58,957,722	57,474,883	54,037,795
재화의 판매로 인한 매출액	54,367,036	53,706,828	51,132,803
용역의 제공으로 인한 매출액	453,487	451,013	326,619
건설계약으로 인한 매출액	3,761,204	2,965,185	2,253,083
공사부담금수익	375,995	351,857	325,290
매출원가	45,457,729	49,762,952	50,595,638
재화의 판매로 인한 매출원가	41,348,917	46,509,555	47,983,987
용역의 제공으로 인한 매출원가	545,692	500,787	452,628
건설계약으로 인한 매출원가	3,563,120	2,752,610	2,159,023
매출총이익	13,499,993	7,711,931	3,442,157
판매비와관리비	2,153,261	1,924,366	1,923,192
영업이익	11,346,732	5,787,565	1,518,965
기타수익	432,219	402,329	400,167
기타비용	108,848	88,220	99,811
기타이익(손실)	8,610,773	107,396	128,514

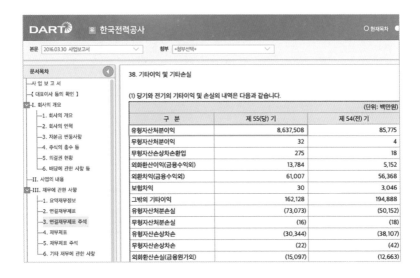

주석을 보니 더 놀랍다. 유형자산처분이익이 8조 6,375억 원이다. 한국전력은 현대자동차그룹에 삼성동 부지를 10조 5,500억 원에 팔았다. 장부가격이 2조 원에 불과했으니 8조 원 넘게 유형자산처분이익이 발생했다. 정말 대단하다.

전년도 당기순이익이 2조 8,000억 원 정도인데, 삼성동 부지를 매각한 해의 당기순이익은 13조 4,164억 원으로 대폭 늘었다. 영업외수익이 8조 원 훌쩍 넘게 났기 때문이다. 2015년은 한국전력의 영업이익도 전년 대비 6조 원 가까이 증가할 정도로 좋았다. 게다가 기타수익까지 좋은 해로 남았다.

그런데 이걸 보고 '이 회사 대박인데!'라며 좋아해도 괜찮을까? 또 이런 일이 매년 일어날까? 아니다. 당기순이익이 급격히 증가하거나 감소했다면 이유가 뭔지 꼭 살펴봐야 한다.

당기순이익률, 그래서 얼마 남은 거지?

손익계산서의 핵심은 '이익률'이다. 매출총이익률, 영업이익률에 이어 당기순이익률을 알아보자. 당기순이익률은 '회사가 최종적으로 얼마를 남기는 거야?'를 알려주는 지표다.

당기순이익률을 구하는 공식은 아래와 같다.

$$당기순이익률 = \frac{당기순이익}{매출액} \times 100$$

당기순이익률은 모든 수익에서 모든 비용을 뺀 당기순이익으로 계산한다. 그래서 기업 활동의 전체적인 능력을 파악할 수 있다. 경쟁기업과 당기순이익률을 비교하고, 업종 평균 당기순이익률을 확인하면 기업의 능력을 평가할 수 있다.

LG생활건강의 2019년 당기순이익률은 10.26%다. 10,000원에 팔고 모든 비용을 빼면 1,026원이 손에 남는다는 뜻이다. 그런데 아모레퍼시픽은 10,000원 팔면 400원이 남는다. 이는 상품성을 포함한 회사의 전반적인 효율성이 아모레퍼시픽보다 LG생활건강이 높다는 의미다. 이렇게 당기순이익률을 경쟁기업과 비교해보는 작업은 회사의 전체적인 능력을 따져볼 수 있어 유용하다.

당기순이익	회사의 전체적인 능률을 따지는 지표
당기순손실	법인의 소득에 따른 세금
법인세비용 차감전순이익	영업이익에서 영업외수익을 더하고 영업외비용을 뺀 이익, 세전이익
법인세비용	회사의 총수익이 총비용보다 적은 만큼의 손실
당기순이익률	회사가 최종적으로 손에 쥐는 몫, 세후이익

회계 회화

태오 : 당근마켓에 올린 스피커가 팔렸어! 오예!
유진 : 너 당기순이익이 늘겠구나.

영수 : 아~ 이번 달 벌써 월급을 다 써버렸어. 돈 쓸 데 많은데….
민아 : 너 당기순손실이구나!

태오 : 둘째가 태어나니까 쓰는 돈이 정말 많아. 그래서 돈을 못 모으고 있어.
민아 : 당기순이익률이 낮아졌네.

액션 플랜

★ ★ ★ ★ ★

관심 있는 기업의 당기순이익률을 살펴보자.

06

기업의 미래를 예측하는 키워드, 성장성과 수익성

성장성(Growth)
회사가 얼마나 빠르게 성장하고 있는지
보여주는 지표

수익성(Profitability)
회사가 얼마나 수익을 내는지
보여주는 지표

재무제표에서 성장성과 수익성을 볼 수 있다면 놀라운 기업을 찾을 수 있다. **성장성**은 회사가 얼마나 빠르게 성장하고 있는지 보여주고, **수익성**은 얼마나 이익을 내는지 보여준다.

"주식은 꿈을 먹고 산다"는 말이 있다. 성장성이 기대되는 기업은 수익성이 낮아도 또는 실적이 없어도 주식가격이 비싸다. 성장성이 확실하고 실적도 내는 기업이라면 가치를 높게 평가받고, 투자도 많이 받는다. 그러나 가장 중요한 건 수익성이다. 수익성이야말로 기업이 계속 사업을 하고 성장하게 하는 원동력이기 때문이다.

유니콘 기업을 잡아라

———

한국 유니콘 기업의 수는 세계 6위로, 일본보다 많다는 기사를 본 적이 있다. **유니콘 기업**Unicorn은 기업가치가 10억 달러(1조 원)를 넘는, 설립한 지 10년이 안 된 스타트업을 말한다. 엄청난 성장성이 있거나 수익성을 갖춰야 유니콘 기업이 될 수 있다. 그런데 지금은 유니콘을 넘어 데카콘이 등장했다. **데카콘**Decacorn은 머리에 뿔 10개를 가진 상상 속의 동물이다. 기업가치가 10조 원 이상인 스타트업을 말한다.

헥토콘Hectorcorn도 있다. 기업가치가 100조 원 이상인 스타트업으로, 유니콘 기업의 100배! 숫자 100을 의미하는 접두사 '헥토'를 붙여 헥토콘이다. 수익성은 회사가 얼마를 남기는지 보는 지표다. 그렇다면 수익성이 아니라 이익성이 맞는 말 아닐까? 어쨌든 다들 수익성이라 한다.

회사의 수익성은 매출총이익률과 영업이익률, 당기순이익률, ROE(자기자본이익률)를 종합적으로 봐야 한다. 잘 모르겠어도 단어가 '이익률'로 끝나면 '아~ 수익성을 보는 거구나'라고 생각하자.

기업의 성장성 지표에는 매출액증가율, 영업이익증가율, 유형자산증가율, 총자산증가율이 있다. 공통적으로 '증가율'이란 단어가 들어간다. 증가율로 끝나면 '아~ 성장성을 보는 거구나!' 하자.

이 두 가지를 중심으로 기업의 재무제표를 확인하면 유니콘 기업으로 성장할 가능성이 있는지 없는지 알 수 있다.

쿠팡과 무신사로 보는 성장성과 수익성

쿠팡은 대한민국의 대표 유니콘 기업이다. 쿠팡의 수익성과 성장성을 확인해보자. 먼저 전자공시시스템에서 쿠팡의 재무제표 숫자를 가져온다. 쿠팡의 5년 치 별도재무제표로 수익성과 성장성을 계산해 다음과 같은 표를 만들었다. 성장성은 매년 두 자릿수 비율을 기록하고 있는 반면 수익성은 많이 아쉽다. 아직 흑자를 낸 적이 한 번도 없기 때문이다. 계속된 손실은 자본을 갉아먹고 주주의 투자수익률, 즉 ROE를 악화시킨다.

현재 쿠팡은 수익성에 대한 고민 때문에 배달사업뿐 아니라 넷플릭스 같은 OTT(온라인 동영상 서비스) 사업으로까지 영역을 확장하고 있다. 만약 쿠팡이 수익성까지 확보한다면 정말 대단한 유니콘, 아니 데카콘을 넘어 헥토콘 기업이 되지 않을까? 한국의 아마존이 될 수도 있다.

● **쿠팡 별도재무제표**

(단위: 백만 원)

구분	7기(2019)	6기(2018)	5기(2017)	4기(2016)	3기(2015)
자산총계	3,058,501	1,761,740	1,078,374	1,020,261	1,067,239
자본총계	31,109	-28,996	-244,598	318,189	424,424
유형자산	563,023	397,461	349,371	360,341	166,477
매출액	7,140,720	4,347,684	2,681,390	1,915,941	1,113,752
매출총이익	1,174,170	203,407	514,885	389,613	144,669
영업이익	-748,790	-1,138,341	-622,807	-565,203	-547,013
당기순이익	-751,127	-1,150,698	-657,271	-561,729	-526,093

2015~2019년 쿠팡의 수익성과 성장성

(단위: %)

구분		계산	2019	2018	2017	2016	2015
수익성	매출 총이익률	매출총이익/매출액×100	16.4%	4.7%	19.2%	20.3%	13%
	영업 이익률	영업이익/매출액×100	-10.5%	-26.2%	-23.2%	-29.5%	-49.1%
	당기순 이익률	당기순이익/매출액×100	-10.5%	-26.5%	-24.5%	-29.3%	-47.2%
	ROE 자기자본 이익률	당기순이익/평균자기자본 ×100	-71,095.8%	841.2%	-1,786.3%	-151.3%	-234.8%
성장성	매출액 증가율	(당기매출액-전기매출액)/ 전기매출액×100	64.2%	62.1%	40.0%	72.0%	219.6%
	영업이익 증가율	(당기영업이익- 전기영업이익)/ 전기영업이익×100	34.2%	-82.8%	-10.2%	-3.3%	-350.0%
	유형자산 증가율	(당기말유형자산- 전기말유형자산)/ 전기말유형자산×100	41.7%	13.8%	-3.0%	116.5%	181.9%
	총자산 증가율	(당기말총자산- 전기말총자산)/ 전기말총자산×100	73.6%	63.4%	5.7%	-4.4%	211.3%

또 다른 유니콘 기업을 알아보자. 패션피플이라면 누구나 아는 무신사. 무슨 절 이름 같지만, '무진장 신발 사진이 많은 사이트'의 줄임말이다. 인터넷 커뮤니티로 시작해 2조 원 이상의 기업가치를 인정받은 유니콘 기업이 됐다. 무신사의 연결재무제표로 수익성과 성장성을 살펴보자.

무신사의 2019년, 2018년 재무상태표와 손익계산서에서 필요한 숫자를 가져오자. 아래 자료를 바탕으로 2018년 대비 2019년의 수익성과 성장성을 계산할 수 있다.

평장히 놀라운 수익성과 성장성이다. 세 자릿수 비율 매출 성장에 두 자릿수 비율 수익성을 보여준다. 정말 대단하다. 무신사는 다양한 패션 브랜드들을 무신사의 온라인 쇼핑몰 플랫폼에 입점시킨 후 판매 수수료로 매출을 올린다. 전체 매출의 40% 정도가 판매 수수료다. 백화점이나 면세점이 입점업체로부터 받는 수수료를 생각하면 이해하기 쉽다.

또 판매 수수료를 받고 파는 제품은 무신사의 재고가 아니라 쇼핑몰에 입점한 입점 업체의 재고다. 즉 재고관리비용도 발생하지 않는다. 제품이 팔릴 때마다 수수료만 따박따박 받으면 된다. 재고관리부터 배송은 전부 입점 업체에서 한다.

● **무신사 별도재무제표**

(단위: 원)

구분	8기(2019)	7기(2018)	6기(2017)
자산총계	391,110,630,777	117,534,703,283	55,240,653,741
자본총계	121,275,817,910	49,829,168,897	37,732,047,322
유형자산	99,042,945,975	8,436,770,276	909,368,869
매출액	210,312,756,024	105,012,383,750	67,721,259,119
매출총이익	123,621,200,120	69,532,291,578	46,094,207,747
영업이익	43,982,925,891	26,497,502,919	23,385,323,429
당기순이익	38,053,981,620	22,009,609,140	18,674,061,832

그런데 많은 패션 브랜드가 다른 플랫폼에서 판매 수수료를 낮춰도 비싼 판매 수수료를 내야 하는 무신사에서 팔려고 한다. 이유가 뭘까? 무신사는 패션 트렌드를 주도하고, 충성도 높은 패션피플의 사랑을 받는 플랫폼이기 때문이다. 이제는 입점 업체의 제품뿐 아니라 무신사 자체 상품도 판매한다. 자체 상품을 제작해 재고자산으로 인한 비용이 발생하지만, 브랜드 충성도를 더욱 높일 수 있다. 또 자체 상품으로 판매 수수료보다 더 큰 이익을 낼 수 있으니 수익성이 더 좋아지지 않을까?

● **2018~2019년 무신사의 수익성과 성장성**

구분		계산	2019	2018
수익성	매출 총이익률	매출총이익/매출액×100	58.8%	66.2%
	영업 이익률	영업이익/매출액×100	20.9%	25.2%
	당기순 이익률	당기순이익/매출액×100	18.1%	21.0%
	ROE 자기자본이익률	당기순이익/평균자기자본×100	44.5%	50.3%
성장성	매출액 증가율	(당기매출액−전기매출액)/전기매출액×100	100.3%	55.1%
	영업이익 증가율	(당기영업이익−전기영업이익)/전기영업이익×100	66.0%	13.3%
	유형자산 증가율	(당기말유형자산−전기말유형자산)/전기말유형자산×100	1073.9%	827.8%
	총자산 증가율	(당기말총자산−전기말총자산)/전기말총자산×100	232.8%	112.8%

성장성	기업 가치가 10조 원 이상인 스타트업
수익성	회사가 얼마를 남기는지 보는 지표
유니콘 기업	기업 가치가 10억 달러(1조 원)를 넘는, 설립한 지 10년이 안 된 스타트업
데카콘	얼마나 빠르게 성장하고 있는지 보여주는 지표
헥토콘	기업 가치가 100조 원 이상인 스타트업

회계 회화

주영: 나 이번에도 특진이야.

미현: 성장성이 대단하네, 축하해!

주영: 어떻게 영업하길래, 수익이 이렇게 남는 거야?

미현: 수익성이 기가 막히는구만!

주영: 월급 200% 인상해준대!

미현: 너 유니콘이니? 대박이다.

액션 플랜

★ ★ ★ ★ ★

관심 있는 유니콘 기업의 수익성과 성장성을 체크해보자.

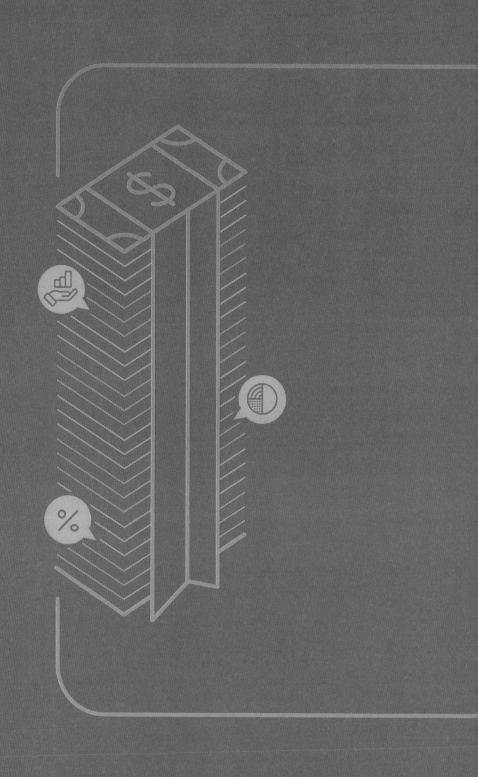

현금흐름표 읽기
: 현금과 현금흐름

회사의 미래 재정 능력이 보이는 현금흐름

현금흐름표는 어떻게 생겼나

현금흐름표는 회사에 현금이 얼마나 들어오고 얼마나 나갔는지, 그래서 총 얼마가 남았는지를 한눈에 보여준다.

재무상태표, 손익계산서, 자본변동표는 거래가 발생하면 바로 장부에 반영해 작성한다. 이처럼 거래가 발생하는 시점에 바로 장부에 작성하는 것을 **발생주의**라고 한다. 반면 현금흐름표는 현금이 들어오고 나가야 장부에 적는다. 이처럼 현금이 실제 들어오고 나갈 때 작성하는 것을 **현금주의**라고 한다. 재무제표 중 유일하게 현금흐름표만 현금주의로 작성한다.

예를 들어 1,000원짜리 물건을 외상으로 팔았다고 가정해보자. 발생주의는 바로 장부에 매출 1,000원을 적는다. 현금주의는 1,000원을 현금으로 받아야만 장부에 적는다.

사실 회계는 발생주의 때문에 어렵다. 현금주의로 작성한다면 정말 쉬울텐데 말이다. 하지만 현금주의로 장부를 쓰면 다음과 같은 문제가 발생한다. 제품을 팔아도 돈을 받을 때까지는 매출이 0이다. 이미 제품을 만들기 위해 재료 구입 등 현금을 썼기 때문에 비용은 마이너스다. 즉 손실이 발생한 상태다. 이럴 경우 수익과 비용이 매칭되지 않아 정확한 손익을 계산하기 어렵다. 발생주의는 제품을 팔면 바로 매출이 발생하고, 비용을 매칭할 수 있어 손익을 계산하기 쉽다.

현금흐름표
1. 영업활동 현금흐름
2. 투자활동 현금흐름
3. 재무활동 현금흐름
4. 현금의 증감(1+2+3)
5. 기초 현금
6. 기말 현금(4+5)

현금흐름표를 보면 회사에 3개의 통장이 있다는 사실을 확인할 수 있다. 영업통장, 투자통장 그리고 재무통장이다. 각각의 통장을 **영업활동 현금흐름, 투자활동 현금흐름, 재무활동 현금흐름**이라고 부른다.

각 통장에 현금이 들어오면 (+)로 표시하고 **현금유입**이라고 표현한다. 현금이 빠져나가면 (-)로 표시하고 **현금유출**이라고 표현한다. 최종적으로 현금유입과 현금유출을 모두 합쳐 현금의 증감을 구하고, 연초 현금잔액에 증감액을 더해 최종 잔액을 구한다.

현금흐름표 숫자를 볼 때 숫자만 적혀 있으면 유입됐다는 의미고, 숫자가 괄호 안에 갇혀 있으면 출금됐다는 뜻이다. 예를 들어 현금흐름표에서 4,000은 +4,000원을 의미하고 (4,000)은 -4,000원을 의미한다.

쉬운 예를 들어 현금흐름표를 살펴보자. 직장인에게 영업활동 현금은 월급이다. 투자활동 현금은 아파트나 자동차, 컴퓨터 등 자산을 살 때 쓰는 현금이나 처분할 때 받는 현금이다. 재무활동 현금은 은행에서 빌린 현금이나 은행에 갚는 현금이다. 이제 직장인의 현금흐름표를 그려보자.

현금흐름표	금액
1. 영업활동 현금흐름	+3,600만 원
2. 투자활동 현금흐름	-2억 원
3. 재무활동 현금흐름	+1억 원
4. 현금의 증감(1+2+3)	= -6,400만 원
5. 기초 현금	1억 원
6. 기말 현금(4+5)	3,600만 원

　　월급으로 한 달에 300만 원씩, 일 년 동안 3,600만 원의 현금을 받았다. 영업활동 현금흐름에 3,600만 원 (+)다. 아파트를 2억 원에 사서 투자활동 현금흐름은 2억 원 (-)다. 그런데 사실 아파트 살 돈이 부족해 은행에서 1억 원을 대출받았다. 재무활동 현금흐름은 1억 원 (+)다.

　　영업활동으로 3,600만 원이 들어왔고, 아파트를 사느라 2억 원을 썼고, 대출로 1억 원을 받았다. 따라서 현금의 증감은 -6,400만 원이다. 들어온 돈보다 쓴 돈이 6,400만 원 더 많다. 그런데 기초 현금으로 1억 원을 갖고 있었다. 다시 계산하면 1억 원에서 올해 쓴 현금 6,400만 원을 빼면 기말에 남은 현금잔액은 3,600만 원이다.

　　회사의 현금흐름표도 마찬가지다. 영업활동, 투자활동, 재무활동으로 들어온 현금은 (+)로, 나간 현금은 (-)로 표시해서 현금의 순증감을 구한다. 이 값을 기초에 갖고 있던 현금과 합치면 기말에 남은 현금을 알 수 있다.

연 결 현 금 흐 름 표

제 52 기 : 2020년 1월 1일부터 2020년 12월 31일까지

제 51 기 : 2019년 1월 1일부터 2019년 12월 31일까지

삼성전자주식회사와 그 종속기업 (단위 : 백만 원)

과 목	주석	제 52 (당) 기		제 51 (전) 기	
I . 영업활동 현금흐름			65,287,009		45,382,915
1. 영업에서 창출된 현금흐름		68,148,810		56,635,791	
가. 당기순이익		26,407,832		21,738,865	
나. 조정	27	41,618,554		37,442,682	
다. 영업활동으로 인한 자산부채의 변동	27	122,424		(2,545,756)	
2. 이자의 수취		2,220,209		2,306,401	
3. 이자의 지급		(555,321)		(579,979)	
4. 배당금 수입		243,666		241,801	
5. 법인세 납부액		(4,770,355)		(13,221,099)	
II . 투자활동 현금흐름			(53,628,591)		(39,948,171)
1. 단기금융상품의 순감소(증가)		(20,369,616)		(2,030,913)	
2. 단기상각후원가금융자산의 순감소(증가)		184,104		(818,089)	
3. 단기당기손익-공정가치금융자산의 순감소(증가)		1,704,512		374,982	
4. 장기금융상품의 처분		12,184,301		4,586,610	
5. 장기금융상품의 취득		(8,019,263)		(12,725,465)	
6. 상각후원가금융자산의 처분		1,023,117		694,584	
7. 상각후원가금융자산의 취득		–		(825,027)	
8. 기타포괄손익-공정가치금융자산의 처분		32,128		1,575	
9. 기타포괄손익-공정가치금융자산의 취득		(245,497)		(63,773)	
10. 당기손익-공정가치금융자산의 처분		39,746		64,321	
11. 당기손익-공정가치금융자산의 취득		(84,184)		(135,826)	
12. 관계기업 및 공동기업 투자의 처분		–		12,149	
13. 관계기업 및 공동기업 투자의 취득		(83,280)		(12,778)	
14. 유형자산의 처분		376,744		513,265	
15. 유형자산의 취득		(37,592,034)		(25,367,756)	
16. 무형자산의 처분		7,027		7,241	
17. 무형자산의 취득		(2,679,779)		(3,249,914)	
18. 사업결합으로 인한 현금유출액		(49,420)		(1,019,405)	
19. 기타투자활동으로 인한 현금유출입액		(57,197)		46,048	
III . 재무활동 현금흐름			(8,327,839)		(9,484,510)
1. 단기차입금의 순증가(감소)	27	2,191,186		865,792	
2. 장기차입금의 차입	27	14,495		–	
3. 사채 및 장기차입금의 상환	27	(864,947)		(709,400)	
4. 배당금의 지급		(9,676,760)		(9,639,202)	
5. 비지배지분의 증감		8,187		(1,700)	
IV . 매각예정분류	32		(139)		
V . 외화환산으로 인한 현금의 변동			(833,861)		595,260
VI . 현금및현금성자산의 증가(감소)(I + II + III + IV + V)			2,496,579		(3,454,506)
VII . 기초의 현금및현금성자산			26,885,999		30,340,505
VIII . 기말의 현금및현금성자산			29,382,578		26,885,999

현금흐름표를 보면
돈의 흐름이 보입니다

현금흐름(Cash Flow)
기업의 영업, 투자, 재무활동으로 현금이 들어오고 나가는 것

현금과 현금흐름은 다르다. **현금**은 현재 내가 가지고 있는 현금잔액을 말한다. **현금흐름**은 현금이 들어오고(수입) 나가는(지출) 것을 말한다. 그렇다면 **현금흐름표**는 무엇일까? 회사의 현재 현금잔액과 현금흐름을 보여주는 보고서다.

회사에 들어오는 현금은 없는데 나가기만 하면 큰일이다. 아무리 매출이 발생하고 이익이 나도 망할 수 있다. 사업을 한다고 가정해보자. 사업이 잘돼서 2호점을 열었다. 럭셔리하게 인테리어도 했다. 그런데 갑자기 고객사가 망해서 매출채권을 회수하지 못했다. 가게 차리느라 이미 현금을 다 쓴 상태다. 협력사에 지급할 외상대금은 계속 밀리고 은행에선 돈 갚으라고 난리다. 버티다 버티다 결국 망한다.

이렇듯 장부상 숫자로는 돈을 벌었지만, 받을 돈을 제대로 받지 못해 망하는 현상을 **흑자도산** 또는 **흑자파산**이라고 한다. 이런 현상을 막기 위해 회사에선 실제 현금이 들어오고 나갈 때 작성하는 현금흐름표가 무엇보다 중요하다.

회사는 3개의 현금통장을 가지고 있다

영업, 투자, 재무는 기업의 3대 활동이다. 이 활동을 통해 기업은 사업을 지속할 수 있다. 앞서 잠깐 설명했듯 회사에는 현금이 들어오고 나가는 통장이 3개 있다. 바로 영업통장, 투자통장, 재무통장이다.

영업통장은 제품을 만들고 판매하고 관리하는 등 영업활동을 할 때 현금이 들어오고 나가는 통장이다. 영업통장에 현금이 들어와야 투자활동도 하고 재무활동도 할 수 있다.

투자통장은 영업에 필요한 자산을 구입하거나 처분할 때 혹은 재테크할 때 현금이 들어오고 나가는 통장이다. 영업활동에 필요한 제품을 만들고 팔려면 현금이 있어야 한다. 그러려면 투자는 필요조건이다.

재무통장은 영업활동과 투자활동에 필요한 현금을 은행에서 빌리거나 주식발행으로 자금을 조달할 때 돈이 들어오고 나가는 통장이다. 반대로 영업활동이나 투자활동에서 현금이 남으면 빚을 갚거나 배당금을 지급할 때도 이 통장을 사용한다.

3개의 통장 중 중요도를 따지자면 영업통장이 가장 중요하다. 영업활동으로 현금이 돌지 않으면 회사가 당장 망할 수 있기 때문이다.

현금흐름표는 현금이 들어오고 나가는 것을 보여준다. 성격을 보면 우리가 쓰는 가계부와 다를 게 없다. 문제는 막상 영업활동의 현금흐름을 뜯어보려고 하면 머리가 멍해진다는 것이다.

영업활동 현금흐름

백문이 불여일견. 지금부터 삼성전자의 영업활동 현금흐름을 살펴보자. 당기순이익, 조정, 영업활동으로 인한 자산부채의 변동, 이자의 수취 및 지급, 배당금 수입, 법인세 납부액 등 어려운 단어가 마구 쏟아진다. 하지만 긴장하지 마시라. 천천히 하나하나 보면 어렵지 않다.

삼성전자의 연결 현금흐름표를 보면 1년 동안 벌어들인 영업활동 현금흐름은 65조 원이다. 이 65조 원이라는 숫자는 어떻게 나왔을까? 자세히 알아보자.

연결 현금흐름표 속 당기순이익은 26조 원이다. 영업활동 현금흐름이 65조 원인데 무려 39조 원 차이가 난다. 왜 그럴까? 매의 눈으로 당기순이익 바로 아래 항목을 살펴보자. 조정에 41조 6,186만 원이 보인다. 잡았다, 요놈! 조정으로 인해 차이가 생긴 것이다.

그렇다면 조정에는 무엇이 포함될까? 법인세비용, 금융수익, 금융비

용, 퇴직급여, 감가상각비 등이다. 가장 큰 금액은 감가상각비다. 정리

하자면 **조정**이란 실제 현금이 들어오거나 빠져나가지 않은 이익 또는

비용을 더하거나 빼는 것이다. 이런 이익, 손실, 비용을 **비현금성**이라고 한다. 당기순이익 26조 원에 이런 비현금성 이익이나 손실, 비용을 더하고 빼니 약 42조 원이 플러스 되었다.

그다음 영업활동으로 인한 자산부채의 변동 항목 1,244억 원을 살펴보자. 많은 사람이 비현금성 개념은 어렵지 않게 이해하는데 자산부채 변동 개념을 어려워한다. 물론 나 역시 그랬다.

간단히 생각하자. 영업활동으로 인한 자산부채의 변동은 돈을 벌기 위해 사용한 자산과 부채의 잔액 증감을 보여준다. 자산이 늘었다면 자산을 구입했으므로 현금을 썼다는 의미다. 즉 현금이 빠져나간다.

자산이 줄었다면 자산을 팔았으므로 현금이 들어온다는 의미다. 부채가 늘었다면 줄 돈을 안 준 것으로 현금이 남아 있다. 부채가 줄었다면 돈을 준 것이므로 현금이 빠져나간다. 이렇게 인과관계를 기준으로 생각하면 쉽다. 다시 삼성전자의 현금흐름표를 살펴보자. 자산부채 변동으로 1,224억 원 정도가 더해진 것을 확인할 수 있다.

자, 어려운 건 끝났다. 여기까지 계산한 금액에 최종적으로 이자로 받은 금액(이자의 수취)은 더하고 반대로 이자로 나간 금액(이자의 지급)은 뺐다. 여기에 배당금 수입을 더하고 법인세 납부액을 빼니 영업활동 현금흐름의 최종 금액인 65조 원이 나왔다.

구조를 어느 정도 이해했다면, 기업의 영업활동 현금흐름 추세를 살펴보자. 핵심은 기업의 영업활동 현금흐름이 (+)인지, (−)인지 확인하는 것이다. 이는 내가 투자하는 회사나 투자할 회사의 실태를 파악하고 부실한 기업을 선별하는 안목을 기르는 데 중요하다. 삼성전자의 10년간

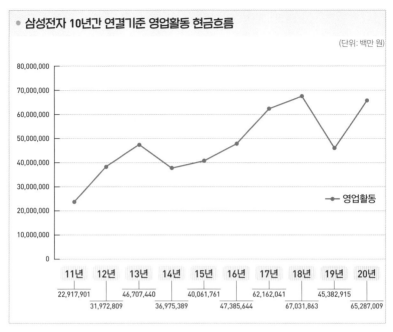

● 삼성전자 10년간 연결기준 영업활동 현금흐름

(단위: 백만 원)

11년	12년	13년	14년	15년	16년	17년	18년	19년	20년
22,917,901		46,707,440		40,061,761		62,162,041		45,382,915	
	31,972,809		36,975,389		47,385,644		67,031,863		65,287,009

영업활동 현금흐름을 보자. 영업활동 현금흐름이 꾸준히 증가하고 이에 맞춰 주가도 우상향하고 있다. 이처럼 영업활동 현금흐름은 기업의 생명력과 존재감을 한눈에 보여준다.

투자활동 현금흐름

영업활동 현금흐름을 힘겹게 끝냈는데 투자활동 현금흐름과 재무활동 현금흐름이 보인다. 또 시작인가 싶어 책을 덮고 싶을지도 모른다. 걱정하지 마라. 복잡한 영업활동 현금흐름에 비해 투자활동과 재무활동 현금흐름은 단순해서 싱겁게 느껴질 정도다.

투자활동은 뭘 샀는지, 뭘 팔았는지를 보면 된다. 재무활동은 빚을 냈는지, 갚았는지, 배당금을 줬는지, 자기주식을 샀는지 확인하면 된다. 영업활동처럼 조정, 변동 뭐 이런 항목들을 따질 필요가 없다는 이야기다.

삼성전자의 투자활동 현금흐름을 살펴보자. 너무 길어서 놀랐겠지만 내용만 길뿐 어려운 건 없다. 차근차근 살펴보면 재테크를 위해 금융상품이나 기업 주식에 투자하거나 지배 목적으로 기업의 지분에 투자하고 있다는 걸 알 수 있다. 내용은 크게 처분과 취득으로 나뉜다. **취득**은 무언가를 가졌다는 뜻이다. 세상에 공짜는 없다. 무언가를 가지려면 현금을 써야 한다. **현금 유출**이라는 뜻이다. 반대로 **처분**은 필요 없는 무언가를 정리했다는 것이다. 이 역시 공짜로 줬을 리 없으니 현금이 유입됐다고 이해하면 된다.

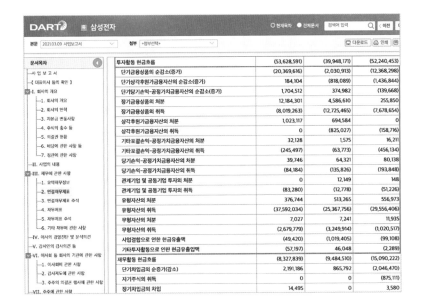

투자활동 현금흐름	(53,628,591)	(39,948,171)	(52,240,453)
단기금융상품의 순감소(증가)	(20,369,616)	(2,030,913)	(12,368,298)
단기상각후원가금융자산의 순감소(증가)	184,104	(818,089)	(1,436,844)
단기당기손익-공정가치금융자산의 순감소(증가)	1,704,512	374,982	(139,668)
장기금융상품의 처분	12,184,301	4,586,610	255,850
장기금융상품의 취득	(8,019,263)	(12,725,465)	(7,678,654)
상각후원가금융자산의 처분	1,023,117	694,584	0
상각후원가금융자산의 취득	0	(825,027)	(158,716)
기타포괄손익-공정가치금융자산의 처분	32,128	1,575	16,211
기타포괄손익-공정가치금융자산의 취득	(245,497)	(63,773)	(456,134)
당기손익-공정가치금융자산의 처분	39,746	64,321	80,138
당기손익-공정가치금융자산의 취득	(84,184)	(135,826)	(193,848)
관계기업 및 공동기업 투자의 처분	0	12,149	148
관계기업 및 공동기업 투자의 취득	(83,280)	(12,778)	(51,226)
유형자산의 처분	376,744	513,265	556,973
유형자산의 취득	(37,592,034)	(25,367,756)	(29,556,406)
무형자산의 처분	7,027	7,241	11,935
무형자산의 취득	(2,679,779)	(3,249,914)	(1,020,517)
사업결합으로 인한 현금유출액	(49,420)	(1,019,405)	(99,108)
기타투자활동으로 인한 현금유출액	(57,197)	46,048	(2,289)
재무활동 현금흐름	(8,327,839)	(9,484,510)	(15,090,222)
단기차입금의 순증가(감소)	2,191,186	865,792	(2,046,470)
자기주식의 취득	0	0	(875,111)
장기차입금의 차입	14,495	0	3,580

사실 이해할 필요도 없다. 현금흐름표에서 괄호는 (-)를 뜻한다. 취득 항목 금액에 괄호가 씌워져 있다는 것은 현금이 빠져나갔다는 의미다. 즉 현금 유출로 이해하면 된다. 반대로 처분은 현금이 들어온 것으로 **현금 유입**이다. 얼마나 간단한가.

앞서 살펴봤던 삼성전자의 영업활동 현금흐름은 65조 원이고, 투자 활동 현금흐름은 54조 원이었다. 이 중 유형자산 취득에 37조 원, 무형 자산 취득에 3조 원 합쳐서 총 40조 원을 썼다. 그리고 금융상품, 금융 자산, 관계기업 및 공동기업 투자에 14조 원을 써서 총 54조 원을 썼다. 즉 삼성전자는 영업으로 65조 원을 벌어서 투자에 54조 원을 썼다는 사 실을 알 수 있다. 그렇다면 남은 돈 11조 원은 어디로 갔을까? 돈의 행방 은 재무활동 현금흐름을 보면 알 수 있다.

재무활동 현금흐름

현금흐름표를 보자. 삼성전자가 재무활동에 8조 원 넘게 썼다. 차입금으로 돈을 빌려 현금이 2조 원 증가했고, 사채 및 장기차입금으로 돈을 갚아 약 1조 원 현금이 감소했다. 배당금으로 10조 원 가까이 지급해 현금이 또 감소했다. 이렇게 총 8조 원을 썼다. 현금 순증감은 2.5조 원으로 지난해보다 현금이 2.5조 원 늘었다.

좋은 회사는 영업통장에 현금이 빵빵하게 꽂힌다. 이 현금으로 돈을 더 많이 벌기 위해 유형자산이나 무형자산을 취득하는 투자를 한다. 투

자하고 남은 현금이 있다면 주주에게 배당금을 지급하거나 차입금을 상환한다. 그런데 영업통장에 현금이 들어오지 않는다면 어떻게 될까? 갖고 있는 설비를 내다 팔아서라도 현금을 마련해야 한다. 그래도 현금이 부족하면 은행에서 돈을 빌려야 한다. 이러다 회사는 망한다. 따라서 영업통장에는 번 만큼 현금이 잘 들어와야 한다.

회사에 현금이 들어오고 나간 흐름을 보면 올해 현금이 증가했는지 감소했는지 알 수 있다. 이것을 **현금 순증감**이라고 한다. 현금 순증감에 기존 가지고 있던 현금잔액을 더하면 기말 현금잔액이 나온다.

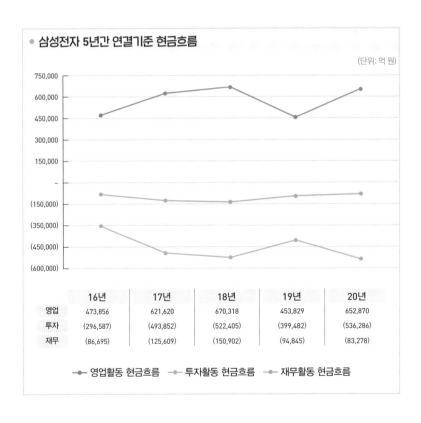

	16년	17년	18년	19년	20년
영업	473,856	621,620	670,318	453,829	652,870
투자	(296,587)	(493,852)	(522,405)	(399,482)	(536,286)
재무	(86,695)	(125,609)	(150,902)	(94,845)	(83,278)

─●─ 영업활동 현금흐름 ─●─ 투자활동 현금흐름 ─●─ 재무활동 현금흐름

삼성전자의 5년간 연결기준 영업활동 현금흐름, 투자활동 현금흐름, 재무활동 현금흐름을 표로 정리했다. 영업으로 열심히 벌고 유·무형 자산과 투자자산에 투자해서 더 많은 돈을 벌었다. 아름다운 선순환 구조다.

현금흐름	·	·	회사에 현금이 들어오고 나간 흐름을 통해 한 해 동안 현금이 증가했는지 감소했는지 알 수 있는 것
현금흐름표	·	·	회사의 현재 현금잔액과 현금흐름을 보여주는 표
현금 순증감	·	·	기업의 영업, 투자, 재무활동으로 현금이 들어오고 나가는 것

회계 회화

기호: 아~ 들어오는 돈은 적은 데 쓸 돈은 많아.

영인: 영업활동 현금흐름이 엉망진창이네.

기호: 이번에 노트북 하나 샀어.

영인: 투자활동 현금흐름이 마이너스겠군.

기호: 은행에 가서 돈 좀 빌려야겠어.

영인: 재무활동 현금흐름이 플러스가 되겠네.

액션 플랜

★ ★ ★ ★ ★

관심 있는 회사들의 현금흐름표를 살펴보자.

02

현금흐름 패턴 분석
완전 정복

현금흐름 패턴 분석(Cash Flow Pattern)
기업의 우량, 성장, 부실 정도를 가려내는 분석법

이제 현금흐름표가 술술 읽히는가? 그렇다면 얼마나 좋겠느냐마는, 훑어보는 것만으로는 현금흐름표를 분석할 수 없다.

하지만 어려운 공부일수록 쉽게 하는 방법이 있는 법이다. 우리도 쉽게 현금흐름표를 분석하는 방법을 이용해보자. 바로 현금흐름 패턴 분석을 통해서 말이다. 현금흐름표는 현금이 들어오면 (+)로, 현금이 나가면 (-)로 표시한다. 현금흐름표에서 영업통장, 투자통장, 재무통장의 각 현금흐름이 (+)인지 (-)인지 패턴을 보면 그 기업이 좋은 기업인지 나쁜 기업인지 알 수 있다.

종류	영업활동 현금흐름	투자활동 현금흐름	재무활동 현금흐름	설명
패턴 1 스타트업	-	-	+	영업활동으로 번 현금이 없다. 은행에서 대출을 받거나 주식을 발행해 자금을 조달한다.
패턴 2 성장기업	+	-	+	영업활동으로 번 현금이 있긴 하지만 투자금이 부족하다. 자금을 조달해 적극적으로 투자한다.
패턴 3 우량기업	+	-	-	영업으로 번 현금으로 투자를 하고, 남은 돈으로 대출을 갚거나 배당금을 지급한다. 자기주식을 매입하기도 한다.
패턴 4 전환기업	+	+	+	영업으로 버는 현금이 있지만 현금이 부족하다. 기존의 자산을 팔거나 대출 또는 증자로 자금을 모은다. 유동성이 풍부해 회사를 인수·합병하거나 신사업 진출, 업종 변신을 준비할 수 있다.
패턴 5 성숙기업	+	+	-	사업의 안정화로 영업활동 현금흐름 외에 자산을 팔아서 생기는 현금까지 발생한다. 빚을 갚거나 배당금을 지급한다.
패턴 6 쇠퇴기업	-	-	-	영업으로 번 현금이 없어서 기존에 벌어 둔 현금으로 재테크 투자를 하거나 빚을 갚고 배당금을 지급한다.
패턴 7 부실기업	-	+	+	영업으로 번 현금이 없어 자산을 팔거나 대출 또는 증자로 겨우 자금을 마련 중이다.
패턴 8 정리기업	-	+	-	영업으로 번 현금이 없고 자산을 팔아 생긴 현금으로 대출을 갚고 있다.

영업활동 현금흐름이 (+)면 영업으로 현금이 들어오고 있고, (−)면 영업으로 현금이 들어오지 않고 있다는 의미다. (−)는 결국 받을 돈을 제대로 못 받고 있다는 뜻이다. 이러면 문제가 발생할 수 있다. 돈을 벌어야 사업을 계속 할 수 있는데, 돈이 바닥나면 돈을 대출하거나 주주들에게 손을 벌려야 한다. 이것도 안 되면 망한다. 영업활동 현금흐름이 가

장 중요한 이유다.

투자활동 현금흐름은 자산과 관련 있다. 돈을 벌어다 주는 자산에 투자하면 현금을 썼으니 (-)가 된다. 사업이 성숙기를 지나 쇠퇴기에 접어들면 정리를 위해 기존에 쓰던 자산을 처분하게 되는데 이때 투자활동 현금흐름은 (+)가 된다. 자산을 처분하며 (+)를 찍는 것보다는 투자를 하느라 (-)를 찍는 게 좋은 상황일 것이다.

재무활동 현금흐름은 부채, 자본과 연관된다. 현금이 없어 은행에서 현금을 빌리면 (+)고, 현금이 많아 은행에 현금을 갚으면 (-)다. 유상증자를 하면 현금이 들어오니 (+)고, 주주에게 배당을 하거나 자사주를 매입하면 현금을 쓰니 (-)다. 이처럼 각 현금흐름의 (+) 또는 (-) 패턴을 조합해서 보는 방법이 **현금흐름 패턴 분석**이다.

현금흐름 패턴은 8가지로 분류된다. 마치 네 가지 요소와 그를 표현하는 여덟 글자로 인간의 운명을 알아보는 사주풀이와 비슷하다. 기업의 운명을 미리 알 수 있다는 점에서 기업용 사주풀이라 해도 좋겠다.

좋은 회사의 패턴

자, 그럼 우량기업의 현금흐름 패턴을 분석해보자. 기억해야 할 사항은 좋은 회사의 패턴은 영업통장 (+), 투자통장 (-), 재무통장 (-)다.

LG생활건강의 현금흐름표를 보면 알 수 있다. 좋은 기업은 영업통장에 항상 현금이 들어온다. 그래서 영업통장에는 현금이 (+)로 가득하다.

제 20 기 2020.01.01 부터 2020.12.31 까지
제 19 기 2019.01.01 부터 2019.12.31 까지
제 18 기 2018.01.01 부터 2018.12.31 까지

(단위 : 원)

	제 20 기	제 19 기	제 18 기
영업활동현금흐름	1,004,842,472,035	1,139,641,474,935	817,116,843,804
투자활동현금흐름	(745,883,641,217)	(461,380,844,546)	(430,292,259,476)
재무활동현금흐름	(465,737,759,835)	(429,403,943,010)	(378,036,987,192)
현금및현금성자산의 증가(감소)	(206,778,929,017)	248,856,687,379	8,787,597,136

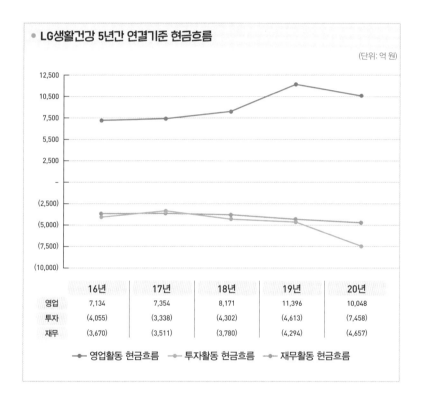

LG생활건강 5년간 연결기준 현금흐름

(단위: 억 원)

	16년	17년	18년	19년	20년
영업	7,134	7,354	8,171	11,396	10,048
투자	(4,055)	(3,338)	(4,302)	(4,613)	(7,458)
재무	(3,670)	(3,511)	(3,780)	(4,294)	(4,657)

━●━ 영업활동 현금흐름 ━●━ 투자활동 현금흐름 ━●━ 재무활동 현금흐름

현금이 많으니 투자도 적극적으로 한다. 투자를 하면 현금이 나간다. 그 래서 투자통장은 늘 (–)다. 투자를 해도 현금이 남으면 배당금을 지급하

거나 빚을 갚을 수 있다. 즉 현금이 나가니 재무통장은 (−)다.

이렇듯 영업통장은 (+), 투자통장은 (−), 재무통장은 (−) 패턴을 보이는 회사가 좋은 기업이다. 현금이 아주 잘 도는 회사다. 현금이란 피가 잘 도니 얼마나 건강한가.

성장하는 회사의 현금흐름 패턴

그렇다면 영업통장 (+), 투자통장 (−), 재무통장 (+) 패턴을 보이는 회사는 어떤 회사일까? 아래에 있는 에스원 현금흐름표를 살펴보자. 영업통장에 현금이 들어왔다. (+)다. 그런데 에버랜드 사업부 인수를 위한 투자를 크게 했다. 그래서 투자활동으로 4,545억 원을 썼다.

영업통장에 있는 현금으로는 부족해 은행에서 돈을 빌렸다. 재무활동 현금흐름이 (+)에서 (−)가 됐다. 적극적으로 사업을 확장하는 회사의 경우 이런 현금흐름 패턴이 자주 나타난다.

우리나라 톡이란 톡은 다 잡아먹고도 배고파서 온라인과 오프라인

연결 현금흐름표
제 38 기 2014.01.01 부터 2014.12.31 까지
제 37 기 2013.01.01 부터 2013.12.31 까지
제 36 기 2012.01.01 부터 2012.12.31 까지

(단위 : 원)

	제 38 기	제 37 기	제 36 기
I .영업활동현금흐름	281,702,972,272	164,908,730,725	127,209,615,019
II .투자활동현금흐름	(454,554,213,860)	(106,667,050,503)	(112,388,312,988)
III.재무활동현금흐름	152,257,806,100	(43,871,157,842)	(41,813,079,750)
V.현금및현금성자산의 순증감	(20,619,278,013)	14,327,663,188	(27,030,956,829)

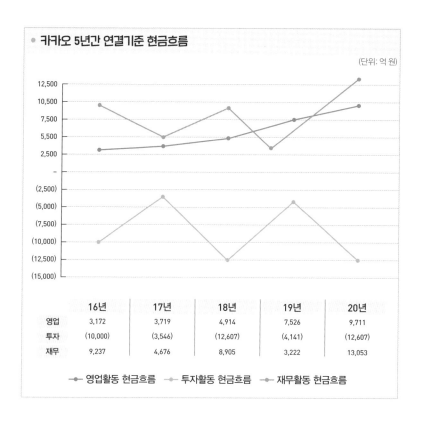

● 카카오 5년간 연결기준 현금흐름

(단위: 억 원)

	16년	17년	18년	19년	20년
영업	3,172	3,719	4,914	7,526	9,711
투자	(10,000)	(3,546)	(12,607)	(4,141)	(12,607)
재무	9,237	4,676	8,905	3,222	13,053

→ 영업활동 현금흐름　　→ 투자활동 현금흐름　　→ 재무활동 현금흐름

할 것 없이 모든 플랫폼을 마구잡이로 흡수하는 IT 기업 카카오는 어떨까?

카카오 역시 영업활동 현금흐름이 (+)로 꾸준히 증가하고 있다. 투자활동 현금흐름은 늘었다 줄어들고 있으며, 그에 따라 재무활동 현금흐름도 (+)다. 무섭게 성장하는 회사의 현금흐름 패턴을 그대로 보여준다.

망하는 회사의 현금흐름 패턴

재정상태가 나쁜 회사는 말할 것도 없이 영업통장이 마이너스(-)로 시작하는 회사다. 경영 악화로 대한항공에 인수된 아시아나항공의 현금흐름을 보자. 2020년은 코로나19 여파로 영업활동 자체가 어려운 해였다는 사실을 감안하더라도 영업활동 현금흐름이 코로나19 상황 이전인 2019년부터 고꾸라졌다는 걸 알 수 있다.

투자통장의 (-)는 어쩔 수 없이 투자를 지속하는 상황으로 짐작된다.

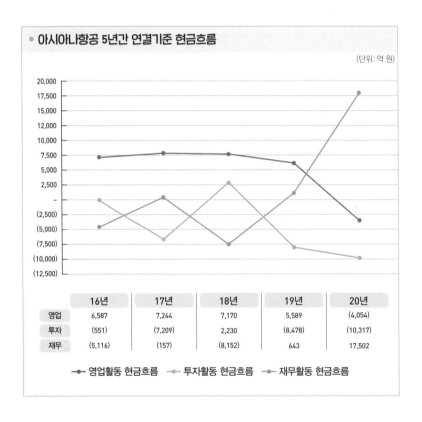

● **아시아나항공 5년간 연결기준 현금흐름**

(단위: 억 원)

	16년	17년	18년	19년	20년
영업	6,587	7,244	7,170	5,589	(4,054)
투자	(551)	(7,209)	2,230	(8,478)	(10,317)
재무	(5,116)	(157)	(8,152)	643	17,502

─●─ 영업활동 현금흐름 ─●─ 투자활동 현금흐름 ─●─ 재무활동 현금흐름

영업으로 돈을 못 버니 어디선가 돈은 끌어와야 한다. 재무통장은 (+)에서 점점 늘어나 '지붕킥'을 하고 있다.

영업을 해도 현금이 늘어나지 않는다. 돈이 없으니 가진 자산을 처분해서 현금을 만들거나, 그조차도 안되면 은행에서 돈을 빌리거나 기금을 지원받아야 하는 처지다.

영업으로 한 푼도 못 버는 데다가 투자통장도 (+), 재무통장도 (+)면 상황은 최악이다. 최근에 상장폐지 심사에 들어간 K제약회사의 경우에도 영업 (-), 투자(+), 재무(+) 패턴을 보였다.

만약 영업에 필요한 자산까지 처분해야 한다면 사업을 계속 할 수 있을까? 얼마 못 가 곧 망할 것이다. 숫자는 거짓말을 하지 않는다.

영업활동 현금흐름	차입금 차입 및 상환, 배당금 지급 등 기업의 재무적인 활동으로 발생한 모든 현금 유출입
투자활동 현금흐름	유무형자산 취득 및 처분 등 기업의 투자활동으로 발생한 모든 현금 유출입
재무활동 현금흐름	제품의 제조 및 판매 등 기업의 영업활동으로 발생한 모든 현금 유출입

회계 회화

서대리: 윤대리 뭐해? 엥? 더하기 빼기? 계산기 빌려줘?

윤대리: 현금흐름 패턴 분석 중이야. 현금흐름이 +인지, −인지 보면 현재 상태를 알 수 있거든.

서대리: 진짜? 그럼 나 대박 종목 좀 추천해주라.

윤대리: 주식 얘기할 줄 알았어. 패턴 분석만 있으면 모든 것을 꿰뚫어 볼 수 있지. 이를테면 너의 현금흐름 패턴이 +, +, +라는 거?

서대리: 그게 뭔데?

윤대리: 월급도 부족해서 당근마켓에 돈 되는 건 다 갖다 팔고 그래도 부족해서 부모님께 돈 빌려서 주식에 투자했지?

서대리: 대박 소름!

액션 플랜

★ ★ ★ ★ ★

관심 있는 기업의 현금흐름표를 찾아 패턴을 분석해보자.

내 마음대로 할 수 있는 돈, 잉여현금흐름

잉여현금흐름(Free Cash Flow)
회사가 마음대로 할 수 있는 돈

잉여현금흐름, 뭔가 느낌이 잉여스럽다. 사회에선 '잉여'라고 하면 별로인 느낌이 들지만, 회계에서 잉여는 아주 좋은 의미다. 이익잉여금도 좋지 않던가! 그런데 현금이 잉여라니! 너무 좋다.

잉여현금흐름은 한마디로 제출 후에도 현금이 남아서 내 마음대로 할 수 있는 돈이다. 생각만 해도 부자가 되는 기분이다.

좋은 기업은 영업통장에 현금이 많이 들어오고, 그 돈으로 투자를 해서 더 많은 돈을 벌 준비를 한다. 그런데 투자를 하고도 현금이 남으면 뭘 할까? 그건 회사 마음이다. 우리도 월급 받아서 카드값 내고 적금 넣고 그래도 돈이 남으면 마음대로 쓰지 않나.

위의 기사처럼 삼성전자가 적극적으로 주주환원정책을 펼칠 수 있는
것도 풍부한 잉여현금흐름 덕분이다. 영업활동으로 많은 돈을 벌고, 투
자를 해도 돈이 남으니 주주들에게 배당도 하고 자사주 매입도 할 수 있
는 것이다. 얼마나 좋은가.

생각만 해도 즐거운 잉여현금흐름 구하기

잉여현금흐름을 계산하기 위해서는 먼저 영업활동 현금흐름과
CAPEX를 이해해야 한다. 캐펙스? 어려워 보이지만, 쉽게 말해 설비투
자비용이다. 즉 돈을 벌기 위해 공장이나 기계 장치 등 유무형자산에 투
자한 설비투자금액을 말한다. 돈을 더 많이 벌려고 제조 설비를 늘리는
등 미래를 위해 투자하는 개념이다.

CAPEX 관련 기사를 검색하면 삼성전자가 R&D(연구개발) 투자 상위
10대 기업 중 CAPEX를 가장 많이 집행했다고 나온다. 통상적으로 호

황인 산업에서 CAPEX를 늘리는 경우가 많다.

CAPEX 개념을 이제 이해했는가? 대개 현금흐름표상 투자활동 계정에서 유무형자산의취득이 CAPEX에 해당한다.

이제 잉여현금흐름을 구하는 공식을 알아보자. 정말 간단하다.

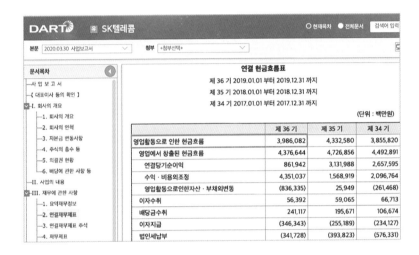

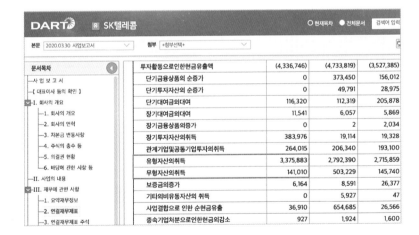

잉여현금흐름 = 영업활동 현금흐름 - CAPEX

SK텔레콤의 현금흐름표를 보고 잉여현금흐름을 구해보자. SK텔레콤의 영업활동 현금흐름은 3조 9,861억 원이다. CAPEX(유무형자산의 취득 기준)는 3조 5,169억 원이다.

3조 9,861억 원 - 3조 5,169억 원 = 4,692억 원

4,692억 원이 잉여현금흐름이다. 해당 기말 기준 SK텔레콤이 마음대로 할 수 있는 돈은 4,692억 원이다.

잉여현금흐름을 간단히 확인할 수 있는 방법도 있다. 네이버 금융에 들어가 [종목 분석] - [기업 개황] - [Financial Summary]의 하단을 보면 FCF(잉여현금흐름)와 CAPEX를 확인할 수 있다.

Financial Summary 　주재무제표 ▼ 검색 IFRS ? 산식 ?　*단위 : 억원, %, 배, 주　*분기 : 순액기준

전체	연간	분기

주요재무정보	연간				분기			
	2017/12 (IFRS연결)	2018/12 (IFRS연결)	2019/12 (IFRS연결)	2020/12(E) (IFRS연결)	2020/03 (IFRS연결)	2020/06 (IFRS연결)	2020/09 (IFRS연결)	2020/12(E) (IFRS연결)
매출액	175,200	168,740	177,437	185,652	44,504	46,028	47,308	47,692
영업이익	15,366	12,018	11,100	12,821	3,020	3,595	3,615	2,613
영업이익(발표기준)	15,366	12,018	11,100		3,020	3,595	3,615	
세전계속사업이익	34,032	39,760	11,627	17,675	3,700	5,483	5,218	3,145
자본금	446	446	446	448	446	446	446	448
영업활동현금흐름	38,558	43,326	39,861	50,237	9,724	19,123	16,409	
투자활동현금흐름	-30,706	-40,477	-35,825	-37,352	-12,329	-6,364	-11,781	
재무활동현금흐름	-8,266	-2,383	-6,368	-10,207	989	-8,961	-735	
CAPEX	27,159	27,924	33,759	31,951	10,455	6,504	9,642	
FCF	11,400	15,402	6,102	17,086	-731	12,619	6,768	

| 잉여현금흐름 | • | • | 돈을 벌기 위해 필요한 유무형자산에 투자한 금액 |
| CAPEX | • | • | 자본지출 차감 후에 남는 현금흐름 |

윤대리: 연말 되니까 고배당주가 인기네.

서대리: 고배당주? 좋은 주식 있어?

윤대리: 난 삼성전자가 좋아. 주주환원정책을 강화해서 잉여현금으로 적극적인 배당을 하겠다고 했거든.

서대리: 오~ 남는 현금이 많은가 보네. 나도 찾아봐야겠다.

윤대리: 나도 삼성전자처럼 잉여현금이 많았으면 좋겠어. 마음대로 할 수 있는 현금만 있으면 차도 바꾸고 아파트도 바꾸고. 나한테 셀프배당도 하고!

서대리: 월급 들어오면 카드사가 뺏어가기 바쁘지. 아~ 슬프다.

윤대리: 잉여현금 좀 있으면 커피 한 잔 사주라.

서대리: 주말에 나랑 놀아주면! 난 시간이 잉여야.

★ ★ ★ ★ ★

관심 있는 기업의 CAPEX와 잉여현금흐름을 확인해보자.

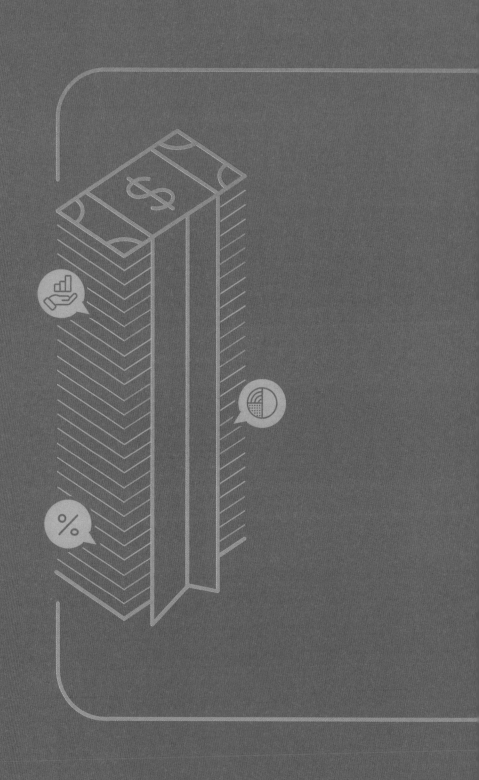

DAY 6

주린이를 위한
재무제표 100% 활용법

워런 버핏처럼 잃지 않는 투자를 하는 방법

주린이를 위한 필수 용어 읽기

저금리 시대로 접어들면서 현금의 가치가 땅바닥에 떨어지고 있는 반면 모든 자산의 가치는 급등하고 있다. 더 이상 근로소득만으로는 내가 원하는 자산을 구입할 수 없는 시대다. 그래서 많은 직장인이 주식투자에 뛰어든다. 커피 한 잔 값으로 주식을 살 수 있다. 이처럼 누구나 주식투자를 할 순 있지만, 누구나 돈을 버는 건 아니다. 만약 상승장 때 돈을 벌었다면 그건 주식 실력보다 시장 덕분이다.

기업과 산업에 대해 공부한 투자자만 주식시장에서 살아남을 수 있다. 기업분석은 곧 재무제표 분석이다.

DAY 1~5까지 회계어로 가볍게 떠든 것 같지만, 제대로 배웠다면 당신은 주식투자를 위한 기본기를 이미 갖춘 셈이다.

주식투자는 기업의 주인, 즉 주주가 되는 행위다. 살아도 같이 살고, 망해도 같이 망하는 동업자가 되는 것이다. 그렇다면 투자에서 가장 중요한 건 무엇일까? 소중한 돈을 잃지 않는 것이다. 돈을 잃지 않으려면 재무제표 분석을 통해 위험한 기업을 피해야 한다. 그리고 좋은 기업에 좋은 가격으로 투자해야 한다. 이것이 가장 중요하다.

그럼 이제 주식투자를 할 때 꼭 알아야 할 표현들을 배워보자. 최소한 이정도는 알고 시작해야 하는 필수용어다.

- **감사의견**

  공인회계사가 회사의 장부에 문제가 있는지 없는지 꼼꼼히 감사하고 내는 의견

- **ROE(자기자본이익률)**

  주주의 돈으로 얼마를 남겼는지 보여주는 주주의 투자수익률

- **PER(주가이익비율)**

  기업의 시장가격이 기업이 1년간 번 순이익의 몇 배인지 확인하는 지표

- **PBR(주가자산비율)**

  기업의 시장가격이 기업의 순자산의 몇 배인지 확인하는 지표

- **재무비율**

  안정성, 수익성, 활동성, 성장성 측면에서 기업을 분석하는 재무제표 분석 툴

- **분식회계**

  자산 또는 이익을 부풀리는 장부 조작

01

주식투자 시 필수 점검 1순위, 감사의견

감사의견(Auditor's Opinion)

공인회계사가 회사의 장부에 문제가 있는지 없는지
꼼꼼하게 감사하고 내는 의견

주식투자 할 때 가장 중요한 게 뭘까? 100만 원을 투자하면 1억 원으로 만들어주는 9,900% 수익률의 대박 종목 찾기? 아니다. 내 소중한 투자금에 손실을 끼칠 수 있는 폭탄 종목을 피하는 게 먼저다. 그러려면 감사보고서에 나오는 감사의견을 반드시 챙겨봐야 한다.

감사의견은 공인회계사가 회사의 장부에 문제가 있는지 없는지 꼼꼼히 감사하고 내는 의견이다. 회사가 작성한 재무제표와 회사의 실제 재무 상태 간에 차이가 있으면 어떻게 될까? 재무제표가 회사의 경영 성과를 제대로 반영하지 못한다면? 재무제표는 우량한데, 회사는 망해가고 있는 상황이 연출될 수 있다. 이런 회사에 거액을 투자하거나 빌려주었다면 어떨까? 소름 끼치는 일이다.

투자의 신, 워런 버핏의 투자원칙은 이렇다.

❶ 돈을 잃지 말 것!
❷ 첫 번째를 잊지 말 것!

워런 버핏은 대박이 날 기업에 투자하기보다 돈을 잃지 않는 기업에 투자하라고 늘 강조했다. 감사인은 회사의 실태를 재무제표에 반영하기 위해 회사와 치열하게 싸운다. 그 결과가 바로 감사의견이다. 감사인의 감사의견을 꼼꼼히 챙겨보는 것이 내 금쪽같은 소중한 돈을 잃지 않는 비결이다. 다음은 기사의 한 부분이다. '회계법인의 외부감사가 한층 깐깐해지면서 비적정(한정, 부적정, 의견거절) 감사의견을 받는 기업이 매년 최대치를 경신하고 있다. 올해 벌써 60곳 넘는 기업이 비적정의견을 받아 상장폐지 위기에 내몰렸다.' 어떤 감사의견을 받느냐에 따라 상장폐지가 될지 말지 결정된다는 얘기다. 감사의견을 제대로 이해하지 못하면 망하는 기업에 엮일 수 있다.

감사의견은 절대 놓치지 말자

감사의견은 크게 적정의견과 비적정의견으로 나뉜다. **적정의견**이란

감사의견

우리는 삼성전자주식회사와 그 종속기업들(이하 "연결회사")의 연결재무제표를 감사하였습니다. 해당 연결재무제표는 2019년 12월 31일과 2018년 12월 31일 현재의 연결재무상태표, 동일로 종료되는 양 보고기간의 연결손익계산서, 연결포괄손익계산서, 연결자본변동표, 연결현금흐름표 그리고 유의적인 회계정책의 요약을 포함한 연결재무제표의 주석으로 구성되어 있습니다.

우리의 의견으로는 별첨된 연결회사의 연결재무제표는 연결회사의 2019년 12월 31일과 2018년 12월 31일 현재의 연결재무상태와 동일로 종료되는 양 보고기간의 연결재무성과 및 연결현금흐름을 한국채택국제회계기준에 따라, 중요성의 관점에서 공정하게 표시하고 있습니다.

우리의 의견으로는 별첨된 회사의 재무제표는 이 감사보고서의 부적정의견 근거 단락에 기술된 사항의 유의성 때문에 회사의 2019년 12월 31일 현재의 재무상태와 동일로 종료되는 보고기간의 재무성과 및 현금흐름을 한국채택국제회계기준에 따라 중요성의 관점에서 공정하게 표시하고 있지 않습니다.

회사가 작성한 재무제표와 실제 회사의 재무 상태, 경영 성과, 현금흐름이 일치한다는 말이다. 즉 장부와 회사의 상태가 일치한다는 뜻이다.

감사의견 전문을 보면 문장도 길고 용어도 어렵다. 읽는 동안 머리가 핑 돈다. 감사의견은 크게 어떤 회사와 어떤 재무제표를 감사했고, 어떤 시기에 진행했는지 기술한다. 그리고 해당 내용을 포함한 결론으로 구성된다. 쉽게 이해하려면 끝을 보면 된다. 마지막 문장에 감사의견 결론이 나온다. '중요성의 관점에서 공정하게 표시하고 있습니다.' 이 문구가 있어야 감사인에게 적정의견을 받은 것이다.

반대로 **비적정의견**은 회사가 작성한 재무제표와 실제 회사의 상태가 일치하지 않는다는 의미다. 비적정의견에는 부적정의견, 의견거절, 한정의견이 있다. **부적정의견**은 감사인이 감사한 결과, 어떤 문제에서 회사가 작성한 재무제표가 확실히 틀렸을 때 내는 의견이다. 마지막에 이런 결론을 낸다. '중요성의 관점에서 공정하게 표시하고 있지 않습니다.' 부적정의견을 한 번만 받아도 상장폐지가 될 수 있다.

의견거절은 회사가 작성한 재무제표에 감사인이 의문을 제시한 경우 회사가 확실한 증빙을 제출하지 않거나 회피할 때 내는 의견이다. 감사인이 자료나 해명이 부족해 의견을 낼 수 없다는 뜻이다. 통역하자면 '의견 내면 우리만 손해야. 의견 내기 싫어!'라는 뜻이다. 의견거절 역시 한 번만 받아도 상장폐지가 될 수 있다.

한정의견은 재무제표에 약간 문제가 있지만, 부적정의견 또는 의견거절을 낼 정도의 심각한 상황이 아닐 때 내는 의견이다. 한정의견은 비적정의견이지만 한 번 정도 받는 건 괜찮다. 그래서 바로 상장폐지 되진 않는다. 그런데 두 번 연속 한정의견을 받으면 상장폐지 사유에 해당한다. 관심 있는 기업이나 투자하는 기업이 한정의견을 받았다면 조심해

> **한정의견**
>
> 우리는 ○○○○ 주식회사의 재무제표를 감사하였습니다. 해당 재무제표는 2019년 12월 31일 현재의 재무상태표, 동일로 종료되는 보고기간의 손익계산서, 포괄손익계산서, 자본변동표, 현금흐름표 그리고 유의적인 회계정책의 요약을 포함한 재무제표의 주석으로 구성되어 있습니다.
>
> 우리의 의견으로는 별첨된 회사의 재무제표는 이 감사보고서의 한정의견근거 단락에 기술된 사항이 미칠 수 있는 영향을 제외하고는, 회사의 2019년 12월 31일 현재의 재무상태와 동일로 종료되는 보고기간의 재무성과 및 현금흐름을 한국채택국제회계기준에 따라 중요성의 관점에서 공정하게 표시하고 있습니다
> 한정의견근거
>
> 우리는 2019년 12월 31일 현재 종속기업에 대한 금융자산 등의 평가와 관련한 충분하고 적합한 감사증거를 입수하지 못하였으며, 대체적인 절차로도 확인할 수 없었습니다.

야 한다. 이 회사는 피하라는 강력한 시그널이다.

2019년 3월 아시아나항공이 감사의견으로 한정의견을 받아 시장에 큰 충격을 주었다. 감사인의 요구대로 재무제표를 수정해 다행히 적정의견으로 수정을 받았지만, 이 일로 회장이 책임지고 물러나야 했다.

그렇다면 적정의견을 받은 회사는 다 믿어도 될까? '적정의견을 받은 회사는 우량해', '투자해도 문제가 없어' 이렇게 받아들이면 위험하다. 적정의견을 받았다고 무작정 안심해선 안 된다. 이게 기본이기 때문이다. 적정의견을 받았는데 상장폐지 된 회사도 있다.

적정의견은 회사가 작성한 재무제표와 실제 회사의 재무 상태, 경영성과, 현금흐름이 일치한다는 의미다. 우량한 회사가 우량한 재무제표를 제출하면 일치한다. 적정의견이다. 반대로 망할 회사가 망할 재무제표를 제출하면 일치하므로 이것도 적정의견이다. 소름 끼치지 않는가?

□ **(계속기업 불확실성) 적정의견** 기업(2,236사) 중 **계속기업 불확실성**이 **기재**된 기업은 **총 84사**(3.8%)로 전기(85사, 3.9%)와 **비슷**한 수준

○ **'18회계연도 적정의견 & 계속기업 불확실성이 기재된 기업**의 **1년 이내 상장폐지** 또는 **비적정의견**을 받은 비율(23.5%)은 계속기업 불확실성이 **기재되지 않은 기업**(2.2%)보다 **약 11배 높은 수준**

그래서 감사인은 적정의견을 내더라도 망할 회사일 경우 감사의견 하단에 '강조사항 또는 특기사항'이란 기타의견을 낸다.

특히 강조사항에 '회사의 계속기업으로서의 존속능력에 대한 중대한 (또는 유의적) 의문을 제기하고 있다'라는 문구가 있다면 큰일이다. 이것이 바로 '계속기업의 불확실성'이다. 이 문구가 있다면 '이 회사 사업을 계속 못 할 수 있어!', '이 회사 망할 수 있어!', '이런 위험이 있으니 조심해!' 라는 뜻이다. 이는 매우 강력한 위험 신호다.

위의 두 번째 박스는 금감원의 2019년 상장법인 감사보고서 분석 보

도자료다. 이에 따르면, '적정의견'이면서 '계속기업 불확실성' 문구가 있는 기업이 불확실성 문구가 없는 기업보다 1년 이내 상장폐지 된 비율이 11배나 높았다.

감사의견을 모르는 이들의 최악의 결말

2013년에 있었던 일이다. 재계 서열 20위권이던 대기업이 8.5% 고금리로 회사채와 기업어음CP을 발행해 자금을 조달했다. 누구나 아는 기업이었기에 많은 사람들이 이 회사를 믿고 투자했다.

그런데 이 회사는 2013년 3월에 올라온 감사보고서상 감사의견에 적정의견을 받았지만, 강조사항에 기타의견으로 계속기업 불확실성이 있었다. 회사가 당장 갚을 빚이 너무 많고 이자비용도 못 벌고 있는 상태라 언제 망할지 모른다는 경고였다.

회사가 발행한 사채는 그룹 내 부실한 계열사의 사채였다. 무리하게 사업을 확장하다가 심각한 자금난을 겪은 이 회사는 2013년 2월에서 9월 사이에 사채를 공격적으로 발행했다. 그 규모만 1조 9,334억 원(예탁결제원 기준)이었다.

당연히 부실한 계열사들은 줄줄이 부도가 났다. 투자자들은 돈을 돌려받지 못했다. 4만여 명이 넘는 개인 투자자들이 1조 3,000억 원 규모의 피해를 입었다. 개인 투자자의 피해가 컸던 이유는 해당 기업이 투자 부적격 등급을 받아 기관들은 투자할 수 없는 상태였기 때문이다. 하지

문서목차   ①
├ 감 사 보 고 서
├ 외부감사인의 감사보고서
├ 연 결 재 무 제 표
└ 연결재무제표에 대한 주석

본 감사인은 한국회계감사기준에 따라 감사를 실시하였습니다. 이 기준은 연결재무제표가 중요하게 왜곡표시 되지 아니하였다는 것을 합리적으로 확신하도록 감사를 계획하고 실시할 것을 요구하고 있습니다. 감사는 연결재무제표상의 금액과 공시내용을 뒷받침하는 감사증거에 대하여 시사의 방법을 적용하여 검증하는 것을 포함하고 있습니다. 또한 감사는 연결재무제표의 전반적인 표시내용에 대한 평가뿐만 아니라 연결재무제표작성을 위해 경영자가 적용한 회계원칙과 유의적 회계추정에 대한 평가를 포함하고 있습니다. 본 감사인이 실시한 감사가 감사의견 표명을 위한 합리적인 근거를 제공하고 있다고 본 감사인은 믿습니다.

본 감사인의 의견으로는 상기 연결재무제표는 주식회사 동양과 그 종속기업의 2012년 12월 31일과 2011년 12월 31일 현재의 재무상태와 동일로 종료되는 양 회계연도의 재무성과 및 현금흐름의 내용을 한국채택국제회계기준에 따라 중요성의 관점에서적정하게 표시하고 있습니다.

감사의견에 영향을 미치지 않는 사항으로서 연결재무제표에 대한 주석 51에서 설명하고 있는 바와 같이 회사의 연결재무제표는 회사가 계속기업으로서 존속할 것이라는 가정을 전제로 작성되었으므로 회사의 자산과 부채가 정상적인 사업활동과정을 통하여 장부금액으로 회수되거나 상환될 수 있다는 가정 하에 회계처리되었습니다. 그러나 회사는 2012년 12월 31일 현재로 유동부채가 유동자산보다 1,570,232백만원 많으며, 동일로 종료되는 회계기간에 금융원가가 영업이익을 164,725백만원 초과하였습니다. 이러한 상황은 회사의 계속기업으로서의 존속능력에 중대한 의문을 제기하고 있습니다. 따라서 회사의 계속기업으로서의 존속여부는 동 주석에서 설명하고 있는 회사의 부채상환과 기타 자금수요를 위해 필요한 차기 자금조달계획과 안정적인 영업이익 달성을 위한 재무 및 경영개선계획의 성패에 따라 결정되므로 중요한 불확실성이 존재하고 있습니다. 만일, 이러한 회사의 계획에 차질이 있는 경우에는 계속기업으로서의 존속이 어려우므로 회사의 자산과 부채를 정상적인 사업활동과정을 통하여 장부금액으로 회수하거나 상환하지 못할 수도 있습니다. 이와 같이 불확실성의 최종 결과로 계속기업가정이 타당하지 않을 경우에 발생될 수도 있는 자산과 부채의 금액 및 분류표시와 관련 손익항목에 대한 수정사항은 위 연결재무제표에 반영되어 있지 않습니다.

만 개인들은 상대적으로 정보가 밝지 않았고 또 고수익을 노리는 경향이 있어 큰 피해를 입었다. 재차 강조하지만 이 기업의 부실 상태를 지적한 감사보고서 감사의견은 2013년 3월 29일에 올라왔다. 핵심 계열사를 비롯한 다섯 업체가 기업회생을 신청한 것은 2013년 9월의 일이다. 3월에 올라온 감사의견만 봤더라도 이런 비극적인 결과를 피할 수 있었을 것이다.

내 소중한 돈을 불태우는 이런 회사는 반드시 피해야 한다. 그러려면 회사의 감사보고서 첫 장에 있는 감사의견을 꼭 확인하자. 또 하나의 팁

이라면 감사보고서 제출을 확인하는 것이다. 회사는 주주총회 1주일 전에 감사인으로부터 감사보고서를 받아 공시해야 한다. 그때 전자공시시스템에 '감사보고서 제출'을 공시한다. 예를 들어 주주총회가 3월 31일이라면 3월 24일까지 감사보고서 제출을 공시해야 한다. 감사보고서 제출이 늦는다면 회사와 감사인 간의 의견 조율이 늦어지고 있다는 의미다. 불길한 느낌이 들지 않는가? 문제가 없다면 감사보고서 제출이 늦어질 이유가 없다. 이런 이유로 감사보고서 제출이 지연되면 해당 기업의 주가는 급격하게 하락한다.

전자공시시스템에서 관심 있는 기업 또는 투자하고 있는 기업의 '감사보고서 제출' 공시 내용을 꼭 확인하자.

감사보고서 제출에는 어떤 감사의견을 받았는지, 계속기업 존속 불

감사보고서 제출

[지배회사 또는 지주회사의 연결재무제표 기준 감사의견 및 재무요건]

구분	당해 사업연도	직전 사업연도
1. 연결 감사의견 등		
-감사의견	의견거절	적정
-계속기업 존속불확실성 사유 해당여부	해당	미해당
2. 감사의견과 관련 없는 계속기업 존속 불확실성 기재여부	미기재	기재
3. 연결 재무내용(원)		
-자산총계	168,091,465,966	227,944,156,605
-부채총계	152,121,101,683	165,513,337,835
-자본총계	15,970,364,283	62,430,818,770
-자본금	36,086,464,000	36,086,464,000
4. 연결 손익내용(원)		
-매출액(재화의 판매 및 용역의 제공에 따른 수익액에 한함)	52,306,837,536	92,878,393,087
-영업이익	-39,157,632,159	-22,172,304,058
-법인세비용차감전계속사업이익	-46,460,157,703	-48,337,614,002
-당기순이익	-46,566,645,911	-48,417,802,986
-지배기업 소유주지분 순이익	-46,215,032,849	-47,090,014,330
5. 연결대상 종속회사 수(단위 : 사)	6	7
6. 주요종속회사 수(단위 : 사)	1	1

확실성 사유의 해당 유무, 재무 상태와 실적 등 중요한 내용이 모두 담겨 있다.

감사의견	공인회계사가 회사의 장부에 문제가 있는지 없는지 꼼꼼히 감사하고 내는 의견
적정의견	감사인이 감시한 결과 어떤 문제에서 회사가 작성한 재무제표가 확실히 틀렸을 때 내는 의견
비적정의견	회사가 작성한 재무제표와 실제 회사의 상태가 일치하지 않을 때 내는 의견
부적정의견	회사가 작성한 재무제표와 실제 회사의 재무 상태, 경영 성과, 현금흐름이 일치할 때 내는 의견
의견거절	회사가 작성한 재무제표에 감사인이 의문을 제시한 경우 회사가 확실한 증빙을 제출하지 않거나 회피할 때 내는 의견
한정의견	재무제표에 약간 문제가 있지만, 부적정의견 또는 의견거절을 낼 정도의 심각한 상황이 아닐 때 내는 의견

회계 회화

현태: 듀오에 가입했는데 적어야 하는 정보가 엄청 많아.

민철: 적정인지 비적정인지 감사의견을 내나 보네.

현태: 이 회사는 감사보고서가 없어서 거래를 터도 되나 모르겠어.

민철: 감사의견이 있으면 재무제표를 신뢰할 수 있을 텐데.

액션 플랜

★ ★ ★ ★ ★

전자공시시스템에서 관심 있는 기업의 최근 감사보고서를 검색해 감사의견을 확인하자.

버핏 형이 그토록 강조한
주주의 투자수익률, ROE

ROE(Return On Equity)
주주의 돈으로 얼마를 남겼는지 보여주는 주주의 투자수익률

ROE(자기자본이익률)는 자기자본으로 얼마나 돈을 남겼는지 보여준다. 자기자본은 주주가 투자한 돈이다. 순이익은 회사가 영업활동으로 돈을 벌어 비용 쓰고 세금 내고 남은 몫이다. 결국 ROE는 '주주의 돈으로 사업을 해서 최종적으로 얼마 남겼나?'를 의미한다. 즉 주주의 투자수익률이다.

어느 날 갑자기 친구가 치킨집을 같이 차리자고 한다. "우리 친구 아이가!" 하면서 창업할 텐가? 그럼 같이 망한다. 평생 친구를 잃을 수도 있다. 치킨집을 차리면 한 달에 얼마 남는지, 내가 투자한 돈 대비 수익률이 어떤지 먼저 따져야 한다.

주식투자도 마찬가지다. 주식투자는 기업의 주인, 주주가 되는 행위다. 그렇다면 내가 투자한 돈으로 회사가 얼마를 남기는지 알아야 투자를 결정할 수 있지 않을까?

버핏 형! 진짜 ROE만 보면 돼?

———

투자의 신 워런 버핏은 기업의 ROE를 보고 투자하라고 조언한다. 그의 말에 따르면, ROE가 꾸준히 15% 이상을 내는 기업에 투자해야 한다. 워런 버핏이 말한 ROE 15% 이상인 기업을 찾으려면 먼저 ROE 계산 방법을 알아야 한다.

$$ROE = \frac{당기순이익(또는\ 당기순손실)}{평균자기자본} \times 100$$

이때 중요한 한 가지! 상장사는 연결재무제표 기준이다. 연결재무제표는 종속기업을 포함하고 자본과 당기순이익을 지배지분(지배기업 소유주 지분)과 비지배지분으로 구분한다. 그러므로 ROE를 계산할 때는 '지배지분의 당기순이익'과 '지배지분의 평균자기자본'으로 계산해야 한다.

예를 들어보겠다. 스타봉스라는 회사 주식에 1억 원을 투자해 주주가 됐다. 스타봉스의 자기자본이 1억 원이라고 가정해보자. 스타봉스는

1억 원으로 열심히 커피를 팔아 돈을 벌었다. 여기서 재료비를 사는 데 돈을 쓰고 세금을 냈더니 1,500만 원이 남았다. 주주의 투자금 1억 원으로 당기순이익 1,500만 원을 남긴 것이다. 이제 ROE 공식에 대입해보자.

$$\frac{1,500만\ 원}{1억\ 원} \times 100 = 15\%$$

ROE가 15%. 워런 버핏이 말하던 ROE 15% 이상을 내는 바로 그 기업이다.

대중이 잘 아는 유명한 기업이라고, 유명 브랜드라고, 또 주가가 반짝 폭등한다고 ROE가 높지는 않다. 겉모습은 번지르르하지만 ROE를 보면 부끄러운 경우가 얼마나 많은지 모른다.

아래 그래프를 보자. 이 기업의 주가는 한때 15만 2,300원까지 올랐다. 하지만 현재 7,820원이고, 거래정지 상태다. 상장폐지 결정을 앞두고 있다. 어찌 된 일일까?

기업의 ROE를 보자. 보는 순간 숨이 턱 막힌다. 주주의 투자금으로

* 단위 : 억원, %, %p, 배   * 분기 : 순액기준

항목	2015/12 (IFRS연결)	2016/12 (IFRS연결)	2017/12 (IFRS연결)	2018/12 (IFRS연결)	2019/12 ⊕ (IFRS연결)	전년대비 (YoY)
⊞ 매출총이익률	100.00	100.00	100.00	100.00	100.00	0.00
⊞ 영업이익률	-1,313.62	-884.76	-737.35	-765.60	-645.00	120.60
⊞ 순이익률	-3,086.09	-1,398.97	-830.62	-729.20	-1,248.27	-519.06
⊞ EBITDA마진율	-1,127.38	-815.20	-683.07	-719.71	-608.13	111.58
⊞ ROE	-77.01	-50.21	-27.82	-30.64	-100.14	-69.50
⊞ ROA	-34.46	-33.87	-21.97	-26.27	-86.10	-59.83
⊞ ROIC	-34.86	-58.68	-76.19	-91.58	-2,701.29	-2,609.72

이익을 내기는커녕 거덜 내고 있지 않은가! 이 회사는 투자한 주주들의 눈에 피눈물이 나게 했다.

반대 경우의 회사를 보자.

이 기업의 ROE는 20%대다. 주주의 투자금으로 높은 이익을 내고 있다. 워런 버핏이 말한 15%보다도 높다. 그럼 주가는 어떨까? 2010년 34만 4,500원에서 2020년 160만 원으로 주가가 상승했다. 이렇게 주주의 투자금으로 높은 이익을 내는 기업이 장기적으로 볼 때 결국 주가가 상승한다. 워런 버핏은 이를 믿었기 때문에 ROE를 보라고 한 것이다.

항목	2015/12 (IFRS연결)	2016/12 (IFRS연결)	2017/12 (IFRS연결)	2018/12 (IFRS연결)	2019/12 ⊕ (IFRS연결)	전년대비 (YoY)
⊞ 매출총이익률	58.22	60.06	57.25	60.04	62.04	2.00
⊞ 영업이익률	12.84	14.46	15.23	15.40	15.31	-0.09
⊞ 순이익률	8.83	9.50	10.13	10.26	10.26	0.00
⊞ EBITDA마진율	15.22	16.65	17.63	17.73	18.57	0.84
⊞ ROE	25.05	24.87	21.94	20.98	20.32	-0.66
⊞ ROA	11.70	13.29	13.33	13.77	13.39	-0.38
⊞ ROIC	15.59	21.09	19.04	19.46	17.77	-1.69

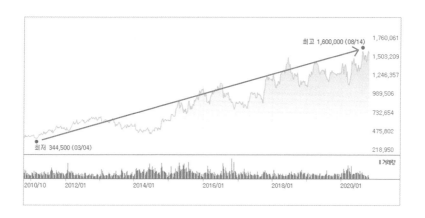

최고 1,600,000 (08/14)

1,760,061
1,503,209
1,246,357
989,506
732,654
475,802
218,950

최저 344,500 (03/04)

ㅣ거래량

2010/10   2012/01   2014/01   2016/01   2018/01   2020/01

ROA는 경영자의 투자수익률

ROE를 좀 더 응용해보자. ROE가 주주의 투자수익률이라면 경영자의 투자수익률이 있다. 바로 **ROA(총자산순이익률)**다. ROA는 기업의 수익창출 능력과 경영자의 성과 평가에 사용한다.

공식은 ROE와 같다. 분자는 똑같이 당기순이익이고, 분모에 평균자기자본 대신 평균자산이 들어간다.

$$ROA = \frac{당기순이익}{평균\ 자산} \times 100$$

ROA는 기업이 전체 자산을 얼마나 잘 이용했는지, 얼마나 효율적으로 운용했는지 보여준다. 같은 업종 기업끼리 또는 업종 평균과 비교하면 유용한 정보를 얻을 수 있다.

초기투자비용이 큰 업종은 ROA가 낮게 나온다. 정유업이나 철강업

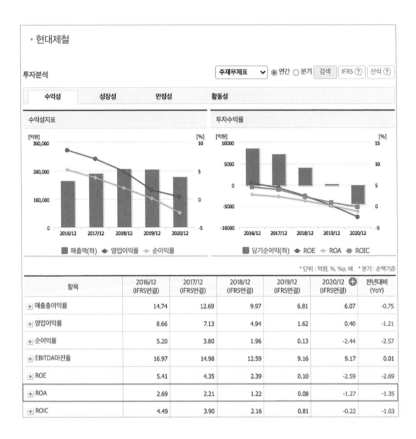

· 현대제철

투자분석

| 주재무제표 ▼ | ◉ 연간 ○ 분기 | 검색 | IFRS ⑦ | 산식 ⑦ |

| 수익성 | 성장성 | 안정성 | 활동성 |

수익성지표

투자수익률

* 단위 : 억원, %, %p, 배   * 분기 : 순액기준

항목	2016/12 (IFRS연결)	2017/12 (IFRS연결)	2018/12 (IFRS연결)	2019/12 (IFRS연결)	2020/12 ⊕ (IFRS연결)	전년대비 (YoY)
⊞ 매출총이익률	14.74	12.69	9.97	6.81	6.07	-0.75
⊞ 영업이익률	8.66	7.13	4.94	1.62	0.40	-1.21
⊞ 순이익률	5.20	3.80	1.96	0.13	-2.44	-2.57
⊞ EBITDA마진율	16.97	14.98	12.59	9.16	9.17	0.01
⊞ ROE	5.41	4.35	2.39	0.10	-2.59	-2.69
⊞ ROA	2.69	2.21	1.22	0.08	-1.27	-1.35
⊞ ROIC	4.49	3.90	2.16	0.81	-0.22	-1.03

이 대표적이다. 분모인 자산 규모가 크기 때문이다.

네이버 금융에서 현대제철의 수익성 지표 중 ROA를 확인해보자. 연도별 2%에서 낮게는 1% 이하까지 나온다. 초기투자비용이나 자산 규모가 큰 기업의 경우 ROA가 5% 정도면 양호하다고 본다.

서비스업의 경우 자산 규모가 작다. 엔씨소프트는 ROA가 8%에서 15% 이상까지 나온다. 자산 대비 순이익이 높기 때문이다. 따라서 경쟁사 ROA와 업종 평균 ROA를 함께 봐야 한다.

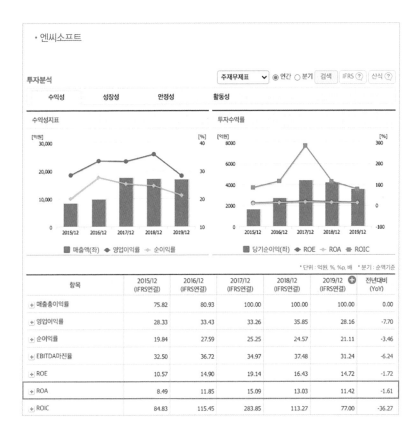

• 엔씨소프트

투자분석

| 수익성 | 성장성 | 안정성 | 활동성 |

수익성지표

투자수익률

■ 매출액(좌) ◆ 영업이익률 ▬ 순이익률

■ 당기순이익(좌) ◆ ROE ◆ ROA ▬ ROIC

* 단위 : 억원, %, %p, 배   * 분기 : 순액기준

항목	2015/12 (IFRS연결)	2016/12 (IFRS연결)	2017/12 (IFRS연결)	2018/12 (IFRS연결)	2019/12 (IFRS연결)	전년대비 (YoY)
+ 매출총이익률	75.82	80.93	100.00	100.00	100.00	0.00
+ 영업이익률	28.33	33.43	33.26	35.85	28.16	-7.70
+ 순이익률	19.84	27.59	25.25	24.57	21.11	-3.46
+ EBITDA마진율	32.50	36.72	34.97	37.48	31.24	-6.24
+ ROE	10.57	14.90	19.14	16.43	14.72	-1.72
+ ROA	8.49	11.85	15.09	13.03	11.42	-1.61
+ ROIC	84.83	115.45	283.85	113.27	77.00	-36.27

만약 ROA가 업종 평균보다 지나치게 높거나 말도 안 되는 숫자가 나온다면 무슨 이유인지 확인해야 한다. 자산에 투자할 시점인데 신규 투자를 집행하지 않아 감가상각이 완료된 자산만 갖고 있으면 자산 규모가 작을 수 있다.

ROE (자기자본이익률)	전체 자산으로 얼마를 남겼는지 보여주는 경영자의 투자수익률
ROA (총자산이익률)	주주의 돈으로 얼마를 남겼는지 보여주는 주주의 투자수익률

회계 회화

윤대리: 서대리! 표정 왜 그래? 부장한테 깨졌어?

서대리: 아니, 얼마 전에 주식투자를 했는데 완전히 폭락해서.

윤대리: 주식투자? 주식투자 해본 적 없었잖아.

서대리: 형이 고급 정보라고, 무조건 투자해야 한다고 해서….

윤대리: 어떤 형? 서대리가 알 정도면 북한 주민만 모르고 다 아는 거 아니야?
ROE는 확인하고 투자한 거야?

서대리: ROE?

윤대리: 투자의 신 버핏 형이 ROE 15% 넘는 기업에 투자하라고 했잖아.

서대리: 내가 그걸 어떻게 알오이… 이제라도 알려줘, ROE.

액션 플랜

★ ★ ★ ★ ★

관심 있는 기업의 ROE와 ROA를 네이버 금융에서 확인해보자.

03

기업가치 평가의 비밀병기, PER과 PBR

PER	PBR
(Price Earning Ratio)	**(Price Bookvalue Ratio)**
기업의 시장가격이 기업이 1년간 번 순이익의 몇 배인지 확인하는 지표	기업의 시장가격이 기업 순자산의 몇 배인지 확인하는 지표

주식투자를 할 때 돈을 벌지 못 벌지는 언제 결정될까? 바로 주식을 살 때다. 기업의 가치보다 싸게 사면 이익이 나고, 비싸게 사면 손실이 난다. 기업의 재무제표와 감사의견을 꼼꼼하게 살펴 폭탄 기업을 피했다면 좋은 기업을 선별할 수 있다. 그렇다면 이제 남은 일은 하나다. 좋은 기업의 주식을 기업의 가치보다 싸게 사야 한다. 그래야 주식가격이 오르면 매매차익을 얻을 수 있고, 덤으로 배당수익도 챙길 수 있다. 그럼 그 기업의 주식이 싼지 비싼지 어떻게 알 수 있을까? PER과 PBR을 보면 된다.

PER(주가이익비율)은 주식가격과 기업의 이익을 비교하는 것이다. 기업의 실적보다 상대적으로 주식가격이 싸면 'PER이 낮다', 반대로 주식가격이 비싸면 'PER이 높다'라고 말한다. PBR(주가자산비율)은 주식가격과 기업의 순자산가치를 비교한다. 기업이 사업을 정리하면 자산을 팔아 부채를 갚는다. 빚을 다 갚고 남는 돈이 기업의 순자산이다. 기업이 망해도 남는 순자산과 주식가격을 비교해 주식가격이 싸면 'PBR이 낮다', 주식가격이 순자산보다 비싸면 'PBR이 높다'라고 말한다.

주식투자를 하는 사람이라면 '저퍼주, 고퍼주'란 말을 들어본 적이 있을 것이다. PER이 낮으면 저퍼주, 높으면 고퍼주라고 부른다. PER은 주식시장에서 기업의 가치를 평가하는 대표적인 가치평가 지수다. 증권사 애널리스트들은 기업의 주식 목표가를 산정할 때 '퍼를 얼마나 줬다', '멀티플이 몇 배다'라는 표현을 쓴다. 따라서 PER을 모르면 애널리스트의 말을 이해할 수 없다.

주린이도 알아야 하는 PER 구하기

PER은 우리말로 '주가순이익비율' 혹은 '주가수익비율'이라고 한다. '피이알' 또는 '퍼'라고 많이 부른다. **주가순이익비율**이란 용어에서 알 수 있듯 주가와 순이익을 비교한 값이다. 주가는 주식가격을 말하고, 주식가격은 시장에서 거래되는 1주당 가격이다. 순이익은 기업의 당기순이익이다. PER은 기업의 시장가치, 즉 모든 주식의 합산 값인 시가총액과 기업의 당기순이익을 비교한다. 쉽게 말하면, 기업의 시장가치(시가총액)가 기업이 1년간 번 돈의 몇 배가 되는지를 보는 것이다.

PER 구하는 공식을 알아보자.

$$PER = \frac{1주당\ 가격(주가)}{1주당\ 순이익}$$

PER은 1주당 가격과 1주당 순이익을 비교한 값이다. 예를 들어 A기업의 발행 주식수가 1,000만 주, 순이익이 100억 원이라고 가정해보자. 1주당 순이익을 구하려면 전체 순이익 100억 원을 전체 주식수 1,000만 주로 나누면 된다. A기업의 1주당 순이익은 1,000원이다.

1주당 순이익을 EPS Earning Per Share (주당순이익)라고 한다. PER을 계산하려면 반드시 EPS를 구할 수 있어야 한다. A기업의 EPS는 1,000원이다.

자, 그럼 A기업의 1주당 주식가격이 1만 원이라면 PER은 몇일까? 주가를 EPS로 나누자. PER을 계산하면 10이 나온다.

$$\frac{10,000원}{1,000원} = 10$$

'PER = 10'이라는 게 뭘 의미하는 걸까? 치킨집을 차리려고 하는데 동네 치킨집이 매물로 10억 원에 나왔다고 치자. 매물로 나온 치킨집은 1년에 1억 원 순이익을 낸다. 시장가격이 10억 원이고 순이익이 1억 원.

이 경우가 PER = 10이다.

10억 원으로 이 치킨집을 사면 매년 1억 원씩 순이익이 발생하므로 (순이익이 변하지 않는다고 가정할 때) 10년이면 투자원금 10억 원을 회수할 수 있다는 이야기다. 즉 PER = 10이라는 것은, 10년간 순이익을 모두 더하면 현재 시장가치(시가총액)가 된다는 의미다. 통상적으로 PER = 10을 'PER 10배'라고 말한다.

다시 A기업으로 돌아오자. 이 기업은 PER = 10이다. 10년이면 내가 투자한 원금을 순이익으로 회수할 수 있다는 말이다. 그럼 PER = 10이면 이 기업의 현재 주가가 싸다는 걸까, 비싸다는 걸까?

우리가 투자를 결정할 때 대개 금리를 기준으로 한다. 상황에 따라 시중금리, 국채금리 혹은 회사채 금리일 수 있다. 보통은 시중금리로 한다. 이 시중금리와 PER을 비교하면 이 기업의 주가가 싼지 비싼지 알 수 있다.

PER의 역수(1/PER)로 기대수익률을 계산할 수 있다. 참고로, **기대수익률**은 보유한 자산 혹은 투자 종목에서 기대되는 평균수익률이다. 1/PER과 시중금리를 비교해 PER의 역수가 금리보다 높으면 기업의 현재 주가가 싼 것이다.

PER=10일 때 PER의 역수는 [1/10=0.1]이다. 기대수익률은 이 값에 100을 곱해 구한다. [0.1×100=10%]가 기대수익률이다. 현재 금리보다 기대수익률이 높으면 이 기업의 PER은 괜찮다고 볼 수 있다. 이 기업에 100억 원을 투자하면 [100억 원×10%], 매년 10억 원씩 수익이 발생한다는 의미니까 말이다.

PER을 직접 계산하지 않아도 쉽게 아는 방법이 있다. 네이버 금융에 들어가면 친절하게 계산되어 있다.

삼성전자를 검색하면 우측에 PER이 나온다. PER과 추정 PER이 있다. PER은 기업의 실제 실적을 바탕으로 계산한 값이고, 추정 PER은 증권사에서 추정한 기업의 실적을 기준으로 계산한 값이다. 삼성전자의 PER을 보니 24.49배다. 삼성전자에 투자하면 24~25년이면 원금을 회수할 수 있단 뜻이다. 기대수익률은 4.08%다. PER의 역수 [1/24.49=0.0408]에 100을 곱했다. 현재 금리와 비교하면 어떤가? 이제 기대수익률과 금리를 비교해 투자를 결정할 수 있을 것이다.

PER 절친, PBR 구하기

기업가치를 평가하는 지수로 PER뿐 아니라 PBR도 있다. PER이 기업의 순이익, 즉 수익을 기준으로 평가한다면 PBR은 기업의 순자산으로 가치를 평가한다.

PBR은 주가순자산비율로, '피비알'이라고 읽는다.

PBR을 구하는 공식은 이렇다.

$$PBR = \frac{1주당\ 가격}{1주당\ 순자산가치}$$

1주당 순자산은 BPS Bookvalue Per Share(주당 순자산가치)라고 한다. BPS는 기업의 순자산을 전체 주식수로 나눈 값이다. EPS가 순이익을 전체 주식수로 나눈 것과 마찬가지 방식이다. 기업이 보유한 자산에서 부채를 빼면 순자산이다. 결국 PBR은 기업가치(시가총액)와 순자산가치를 비교하는 지표다. 현재 주식시장에서 거래되는 기업의 가치인 1주당 가격과 1주당 순자산가치를 비교하는 개념이다. 기업의 현재 가치가 순자산의 몇 배인지를 보는 것이다.

A기업이 1,000억 원에 매물로 나왔는데 A기업의 순자산이 1,500억 원이라면, [1,000억 원/1,500억 원=0.67]의 값이 나온다.

PBR은 0.67이다. PBR이 1 미만이면 기업의 순자산보다 시장가치(주가)가 낮다는 뜻이다. 1,500억 원짜리 회사를 500억 원 할인된 1,000억 원에 살 수 있단 의미다. 이렇게 순자산보다 주식가격이 싼 기업의 주식을 **가치주**라고 한다.

그렇다면 PBR은 얼마일 때 싼 걸까? 1 미만이면 싼 편이라 본다. PBR 1 미만은 할인가로 사고, 1 이상은 웃돈을 주고 산다고 이해하자.

롯데케미칼을 살펴보자. PER은 91.34배다. 기업이 1년간 번 순이익보다 시가총액이 91배나 높다. 순이익이 감소해 고퍼주가 됐다. 만약 현재 주가에서 순이익이 높아지면 PER은 더 낮아질 수 있다. (PER은 주식가격/1주당 순이익이니까.) PBR은 0.81배로 1 미만이다. 시장가격보다 순자산이 크다. 순자산가치로 접근하면 할인가로 살 수 있는 기회다.

숫자가 알려주는 진실

PER은 이익, PBR은 순자산을 기준으로 한 가치평가 지표다. 따라서 이익과 순자산의 질을 디테일하게 따져야 기업의 가치를 보다 정확하게 평가할 수 있다. 갑자기 이익이 급증해 PER이 낮아진 건지, 현금화하기 어려운 자산이 늘어서 PBR이 낮아진 건지 꼼꼼하게 따져봐야 한다.

PER이 정상적으로 낮은 기업은 순이익이 상승해도 주가가 떨어지

거나 움직이지 않는다. PBR이 정상적으로 낮은 기업은 순자산 가치가 올라도 주가가 떨어지거나 움직이지 않는다. 이런 기업이 저평가 받고 있는 기업, 현재 주식가격이 싼 기업이라 할 수 있다. 업종 평균 PER과 PBR이 궁금하다면, 한국거래소에 접속해 [정보데이터시스템]-[지수]-[주가지수]-[PER/PBR/배당수익률]을 클릭해 확인해 보자.

PER (주가이익비율)	기업의 시장가격이 기업이 1년간 번 순이익의 몇 배인지 확인하는 지표
PBR (주가자산비율)	1주당 순자산
EPS (주당이익)	1주당 순이익
BPS (순자산가치)	기업의 시장가격이 기업 순자산의 몇 배인지 확인하는 지표
기대수익률	보유한 자산 혹은 투자 종목에서 기대되는 평균수익률

회계 회화

수영: 회사에서 연봉을 20% 인상해준대. 오예!

종수: 너 PER이 너무 높은데? 너희 회사 괜찮을까?

수영: 난 아파트도 있고, 차도 있고, 연봉도 많은데… 왜 아무도 나랑 안 만나주지?

종수: PBR이 낮네. 괜찮아! 눈을 좀 낮춰 봐.

액션 플랜

★ ★ ★ ★ ★

네이버 금융에서 관심 있는 기업과 경쟁 기업의 PER과 PBR을 비교해보자.

04

재무비율로
기업을 완벽하게 독파하라

재무비율(Financial Ratio)
안정성, 수익성, 활동성, 성장성 측면에서
기업을 분석하는 재무제표 분석 툴

재무비율은 재무제표를 씹고 뜯고 맛보고 즐길 수 있는 분석 툴이다. 우리는 재무비율로 안정성, 수익성, 활동성, 성장성 측면에서 기업을 분석할 수 있다. 스포츠 게임을 하면 스피드, 체력 같은 선수 능력치가 나오는 것과 마찬가지다. 재무비율로 기업의 능력치를 평가할 수 있다.

재무비율 계산은 간단하다. 빼기와 나누기만 할 수 있으면 된다. 회사의 규모가 달라도 재무비율이라는 절대평가로 경쟁 기업과 업종 평균을 비교할 수 있다. 또 매우 직관적이라 경영지표로 자주 활용된다.

중요하니 다시 한번 강조한다. 재무비율은 안정성, 수익성, 활동성,

성장성 측면에서 기업을 평가하는 지표다.

- **안정성 비율**: 망하지 않는가?(채권자)
- **수익성 비율**: 얼마나 남는가?(투자자)
- **활동성 비율**: 영업활동이 활발한가?(경영자)
- **성장성 비율**: 빠르게 잘 클까?(투자자)

외우기 쉽게 안수활성! 이것만 알면 경영자, 채권자, 투자자 관점에서 기업을 분석할 수 있다.

재무비율은 하나의 기업을 분석할 때도 유용하지만, 두 개의 기업을 서로 비교·분석할 때 더욱 빛을 발한다. 예를 들어 매출액이 1,000억 원인 A회사와 500억 원인 B회사가 있다. 단순히 생각하면 매출액이 큰 회사가 더 좋은 회사 같다. 그런데 안수활성으로 수익성을 따져보니 A회사의 영업이익률은 15%, B회사는 40%다. B회사의 수익성이 더 좋다.

안수활성에 속하는 세부 재무비율을 정리하면 오른쪽 표와 같다. 아마 익숙할 것이다. 이미 재무상태표와 손익계산서를 배우며 마스터한 개념이기 때문이다. 그래도 저 많은 내용과 공식을 외우긴 힘들다. 편하게 재무비율을 이용하고 싶다면 네이버 금융과 에프앤가이드를 이용하자. 재무비율 정보를 편하게 볼 수 있다.

구분	해당 비율분석	내용
안정성	유동비율(%): (유동자산/유동부채)×100	1년 안에 빚을 감당할 수 있어? 단기차입금 상환능력
	당좌비율(%): (당좌자산/유동부채)×100	재고 빼고 유동성을 엄격하게 평가!
	부채비율(%): (총부채/자본)×100	내 돈이 많니? 남의 돈이 많니?
	차입금의존도(%): ((장단기차입금+사채)/자산)×100	차입금에 너무 의지하는 거 아냐?
	이자보상배율: 영업이익/이자비용	이자를 감당할 수 있니?
수익성	매출총이익률(%): (매출총이익/매출액)×100	팔아서 얼마 남아?
	영업이익률(%): (영업이익/매출액)×100	영업해서 얼마 남아?
	당기순이익률(%): (당기순이익/매출액)×100	그래서 손에 얼마 쥐어?
	ROA 총자산이익률(%): (당기순이익/평균총자산)×100	총자산을 효율적으로 써서 얼마나 남기니? 경영자의 투자수익률
	ROE 자기자본이익률(%): (당기순이익/평균자기자본)×100	주주의 자본으로 얼마나 남기니? 주주의 투자수익률
활동성	재고자산회전율: 매출원가/평균재고자산	재고가 안 쌓이게 잘 파니?
	매출채권회전율: 매출액/평균매출채권	받을 돈을 잘 받아내고 있니?
	총자산회전율: 매출액/평균총자산	총자산을 얼마나 잘 써서 돈을 벌고 있니?
성장성	매출액증가율(%): (당기매출액−전기매출액)/전기매출액×100	1년 전보다 매출이 얼마 늘었어?
	영업이익증가율(%): (당기영업이익−전기영업이익)/전기영업이익×100	1년 전보다 영업이익이 얼마 늘었어?
	유형자산증가율(%): (당기말유형자산−전기말유형자산)/전기말유형자산×100	1년 전보다 유형자산이 얼마 늘었어?
	총자산증가율(%): (당기말총자산−전기말총자산)/전기말총자산×100	1년 전보다 총자산이 얼마 늘었어?

재무비율을 제대로 이용하려면

재무비율은 매우 유용하지만 한계도 있다. 같은 업종의 기업을 비교할 때는 유용하지만, 전혀 다른 업종에 속한 기업을 비교할 때는 큰 역할을 하지 못한다. 삼성전자와 엔씨소프트를 비교하는 게 무의미한 것처럼 말이다. 재무비율은 업계 평균과 경쟁 기업을 분석할 때 가장 유용하다. 그렇다고 재무비율을 맹신해선 안 된다. 분식회계 하는 기업을 재무비율로 잡아낼 수 없다. 장부를 조작해 좋게 만들면 재무비율도 좋아보일 수밖에 없다. 재무제표 전체를 보며 손익과 현금흐름의 관계를 확인해 이익의 질을 평가하고, 재무비율을 참고해 경쟁 기업과 업종 평균을 비교하는 습관을 갖자.

업종별, 산업별 평균 재무비율은 '한국은행 경제통계시스템'(http://ecos.bok.or.kr) 사이트에 접속하면 쉽게 확인할 수 있다.

❶ 좌측 [주제별] 메뉴에서 12번 항목 '기업경영분석'을 클릭

❷ 우측 하위 메뉴에서 원하는 카테고리 선택(예시에서는 '자산·자본의 관계비율' 선택)

❸ 하위 메뉴에서 원하는 항목 선택(예시에서는 '종합' 선택)

❹ 원하는 정보를 열람하기 위한 업종과 지표 선택(예시에서는 업종은 운수 및 창고업, 지표는 유동비율, 당좌비율 선택)

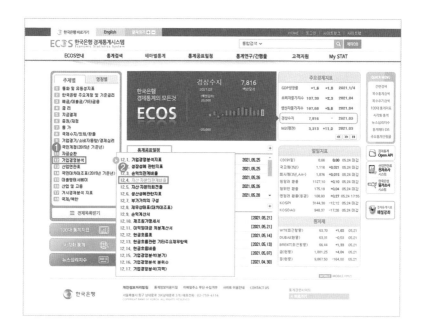

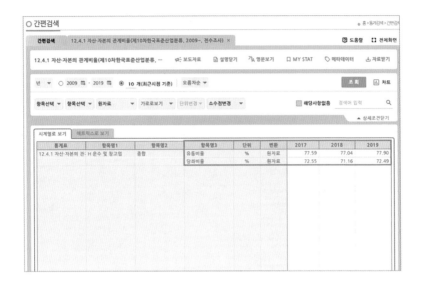

MTS에서 재무비율 찾는 방법

이렇게 말해도 안 듣는 사람이 분명 있다. '네이버 금융이고 에프앤 가이드고 뭐고, 난 몰라~' 하는 이들을 위해 준비했다. 요즘 대부분 MTS(모바일트레이딩시스템)로 주식거래를 할 것이다. 앞에서 알려준 방법으로는 도저히 못 하겠다 싶다면 MTS에서 재무비율만이라도 꼭 확인하자.

증권사마다 MTS 화면과 메뉴가 다르지만, 대체로 비슷하게 재무비율 정보를 제공한다. 단, 재무비율 정보를 MTS에서 찾기가 쉽지 않다. 음모론이지만 일부로 뒤쪽 깊숙한 곳에 배치한 건 아닌지 의심스럽다.

아래는 N증권사 화면이다. 따라 해보자.

❶ 주식현재가 화면에서 '종목상세' 클릭. 간략한 재무지표를 확인할 수 있다.

❷ '종목상세' 바로 옆에 있는 '재무' 클릭. 연도별 또는 분기별 재무 정보와
　수익률, 가치비율을 볼 수 있다.

❸ '기업정보 바로가기' 클릭. 에프앤가이드 모바일 버전으로 연결된다.

모바일 버전은 PC 버전처럼 상세하지 않다. 재무 정보와 경쟁사 비교, 애널리스트의 실적 컨센서스(추정치)는 간단하게 살펴볼 수 있다. 하지만 재무비율을 확인할 수 있는 투자지표는 제공하지 않아 아쉽다.

안정성 비율	기업의 재무 안정성을 평가하는 지표
수익성 비율	기업이 자산을 효율적으로 사용했는지 알려주는 지표
활동성 비율	기업의 이익창출능력을 측정하는 지표
성장성 비율	기업의 자산과 매출이 전년도에 비해 얼마나 성장했는지 보여주는 지표

회계 회화

서대리: 내 친구가 그러는데, 이 회사 대박이래.

윤대리: 서대리가 알면 다 아는 거 아니야?

서대리: 아, 진짜라니깐! 내부 자료야.

윤대리: 그래도 기본적인 조사는 해야지. 재무비율은 확인했어?

서대리: 무슨 비율? 이 기업 좋다니까. 황금비율이야.

윤대리: 아니 안수활성!

서대리: 뭐? 안성탕면? 배고프게 갑자기 왜 그래?

윤대리: 안수활성! 안정성, 수익성, 활동성, 성장성 측면에서 이 기업을 봐야 한다고!

액션 플랜

★ ★ ★ ★ ★

관심 있는 기업의 재무비율을 네이버 금융 또는 MTS에서 확인하자.

05

분식회계를 모르면
주식이 휴지 조각 될 수 있다

분식회계(Window Dressing Settlement)
자산 또는 이익을 부풀리는 장부 조작

나는 분식을 좋아한다. 스트레스 쌓일 때 떡볶이를 먹으면 기분이 좋아진다. 하지만 아무리 맛있어도 회계에선 분식을 고르면 안 된다.

미국 나스닥에 상장했던 중국 기업 루이싱커피는 분식회계로 상장폐지 됐다. 중국판 스타벅스로 승승장구하고 있었는데, 알고 보니 장부를 좋게 꾸미려고 재무제표를 마구 손질했다. 이것이 적발되어 상장폐지라는 최후를 맞이했다.

분식회계는 실적이 좋고 재무 상태가 건전한 것처럼 장부를 거짓으로 조작하는 일이다. 상장폐지라는 표현을 들어봤을 것이다. 주식시장에 상장한 회사에 중대한 문제가 생겨 퇴출당하는 현상이다. 자진해서 상장폐지 하는 경우는 예외다. 문제가 있는 기업을 그냥 놔두면 시장 교란 행위로 손실을 입는 투자자가 늘어날 수 있기 때문에 시장에서 쫓아낸다. 이를 **상장폐지**라 부른다.

상장폐지가 되면 회사의 주식은 말 그대로 휴지가 된다. 막판에 주식을 처분할 시간을 주지만, 내가 산 금액의 5% 정도밖에 되지 않는다. 피해가 막심하다.

관리종목 지정은 상장폐지의 시그널

———

그렇다면 상장폐지 당하는 기업은 어떤 특징이 있을까? 뒤의 기사에서 보이는 것처럼 이미 관리종목에 들어가 있다. **관리종목**은 상장사에 중대한 문제가 발생해 주식시장에서 거래가 정지되는 것으로, 지정 조건은 코스피(유가증권시장)와 코스닥이 다르다. 자세한 내용이 궁금하면 한국거래소(krx.co.kr) 사이트에 접속해 [상장공시]-[유가증권상장 (또는 코스닥시장 상장)]-[상장폐지]에 들어가면 자세한 관리종목 지정 및 상장폐지 조건을 볼 수 있다.

여기에선 조금 복잡할 수 있으니 중요한 내용만 보자. 코스닥의 경우 영업이익이 4년 연속 적자거나 부분자본잠식에 빠지면 관리종목으로 지정된다. 또 법인세비용차감전손실이 자본의 50%를 3년 동안 두 번 초과하면 관리종목이 된다. 코스피의 경우 정기보고서 미제출, 감사인의견 미달, 자본잠식(자본금 50% 이상)일 때 관리종목에 들어간다.

관리종목으로 지정되면 일정 기간 주식거래가 정지된다. 이게 가장 큰 문제다. 관리종목이라고 바로 상장폐지를 결정하진 않는다. 상장폐지심사를 통해 주식시장에서 퇴출시킬지 말지 결정한다. 물론 상장폐지 된다고 회사가 바로 망하지는 않는다. 이 회사에 투자한 주주들만 큰 손해를 입는다. 주주와 회사는 망해도 같이 망한다고 하지 않았나.

관리종목에 들어가지 않기 위해 회사들이 꼼수를 부리는데, 필수 코스가 바로 분식회계다. 먹는 분식이 아니라 화장하듯 감추는 걸 말한다.

자산이나 이익을 부풀려 많아 보이게 만든다. 이것을 분식회계라고 한다. 반대로 이익을 깎아내리면 **역분식회계**라고 한다. 비자금을 형성하거나 세금을 적게 내기 위해 이익을 깎는다. 우리나라는 역분식회계가 많다. 다음의 표를 보라. 분식회계와 역분식회계를 하는 이유를 정리한 표다. 이유만 봐도 정말 심각해 보인다. 장부를 조작해 이익을 부풀

분식회계	역분식회계
• 저금리 대출로 자금 조달 • 인수합병으로 비싸게 팔기(실적 뻥튀기) • 주가조작으로 시세차익 실현 • 성과급 챙기기와 성공 신화 쓰기 • 유리한 조건으로 거래 트기 • 정부의 인허가 맞추기	• 세금 떼어먹기 • 회사 재산 횡령, 비자금 조성 • 제품가격 인상 여론 조성 • 이익 배당 억제 • 임금 인상 요구 억제 • 독점 이익에 대한 사회적 비난 예방

출처: 《기업의 거짓말》, 표 내용은 저자 정리

리거나 깎아내린 회사는 대부분 회계감사에서 적발된다. 걸리면 감사 의견으로 비적정의견을 받는다. 분식회계를 했다고 당장 상장폐지까지 가는 경우는 흔치 않다. 하지만 시간이 지나면 결국 분식회계가 독이 되어 상장폐지로 이어질 가능성이 높다. 실제로 2005년 이후 분식회계가 확인된 241개 상장기업 중 146개 기업이 상장폐지됐다. 분식회계 사실이 적발된 시점을 기준으로 길어야 5년 내에 상장폐지될 확률은 무려 60.6%다.

분식회계는 마약과 같다. 회사가 겉으로 좋게 보이려고 재무제표를 조작하는 분식회계는 한 번 맛 들이면 멈추기 힘들다. 거짓말이 또 다른 거짓말로 이어지듯 계속 조작해야 하기 때문이다.

분식회계 기업 골라내는 방법

그럼 이런 기업들은 어떻게 알 수 있을까? 손익계산서의 영업이익과

제 10기 2013년 1월 1일부터 2013년 12월 31일까지
제 9 기 2012년 1월 1일부터 2012년 12월 31일까지

주식회사 모뉴엘과 그 종속회사 (단위 : 원)

과 목	제 10(당) 기	제 9(전) 기
I. 매출액(주석 19, 27)	1,273,736,711,307	932,530,922,353
III. 매출원가(주석 20)	1,087,360,442,797	789,414,285,676
III. 매출총이익	186,376,268,510	143,116,636,677
IV. 판매비와관리비(주석 21)	75,985,808,744	54,993,025,827
V. 영업이익	110,390,459,766	88,123,610,850

연 결 현 금 흐 름 표

제 10기 2013년 1월 1일부터 2013년 12월 31일까지
제 9 기 2012년 1월 1일부터 2012년 12월 31일까지

주식회사 모뉴엘과 그 종속회사 (단위 : 원)

과 목	제 10(당) 기		제 9(전) 기	
I. 영업활동으로 인한 현금흐름		(1,513,705,618)		1,684,079,602
1. 연결당기순이익	60,187,511,315		35,536,340,964	
2. 현금의 유출이 없는 비용등의 가산	43,542,183,752		28,261,341,791	
퇴직급여	1,578,986,350		1,247,365,262	
감가상각비	2,581,867,547		2,816,721,920	
대손상각비	12,125,866,844		1,313,688,173	
무형자산상각비	508,138,687		503,406,567	
외화환산손실	724,184,267		1,434,911,118	
단기매매증권평가손실	3,371,960		-	
매도가능증권처분손실	112,971,043		-	
매도가능증권상각차손	45,900,000		334,772,727	
무형자산손상차손	-		21,931,000	
지분법손실	5,026,142,829		4,803,243,171	
지분법적용투자주식손상차손	509,019,935		-	
매출채권처분손실	13,660,765,764		10,714,083,531	
유형자산처분손실	11,155,727		180,172,699	
판매보증비용	22,050,820		148,949,872	
사채상환손실	-		1,140,751,764	
기타의대손상각비	2,028,096,850		-	
재고자산평가손실	4,603,665,129		2,573,559,277	
재고자산감모손실	-		1,080,444,710	

현금흐름표의 영업활동 현금흐름을 함께 보면 감을 잡을 수 있다. 중소 기업인 전자회사 모뉴엘은 2013년에 1조 3,000억 원 가까이 매출을 올 리면서 5년 만에 매출이 17배나 증가했다. 연간 매출액이 1조 원을 넘 는 기업은 수많은 영리 기업 중 몇백 개에 불과하다. 그런데 중소기업이

매출액 1조 원을 넘겨 모두 놀랐다. 하지만 나중에 알고 보니 1조 3,000억 원 매출 대부분이 가짜로 드러났다.

손익계산서상 매출과 이익이 엄청나게 증가했다. 2013년 영업이익만 1,100억 원 이상이다. 그런데 현금흐름표를 보니 영업통장에 현금은 커녕 마이너스다. 회사 마음대로 할 수 있는 잉여현금흐름도 마이너스다. 이익을 많이 냈다는데 회사의 현금통장은 텅 비었다. 돈을 그렇게 잘 버는데 왜 영업통장에 현금이 마이너스일까? 그것도 모자라 은행에서 돈을 빌리고 있다.

손익계산서의 영업이익과 현금흐름표의 영업활동 현금흐름을 비교해서 봐야 하는 이유다. 영업이익이 1,100억 원이니 영업통장에 적어도 1,100억 원은 꽂혀야 한다. 그런데 영업통장은 15억 원 마이너스다. 도대체 1,100억 원은 다 어디로 갔을까?

코스닥 상장사였던 우양에이치씨의 손익계산서를 보자. 2013년 기준으로 전년보다 매출액, 영업이익, 순이익이 모두 증가했다. 자산도 늘고 자본도 늘었다. 수치만 보면 성장하고 있는 우량한 회사다. 그런데 현금흐름표가 이상하다. 영업이익이 매년 200억 원씩 나는데 회사 영업통장에는 마이너스가 찍혔다. 영업이익과 영업현금흐름이 이렇게 따로 놀 때는 분식회계 가능성을 의심해봐야 한다. 이 회사는 2015년 3월 상장폐지되었으며 조사 결과 1,800억 원의 분식회계가 있었다는 사실이 드러났다.

'이익은 오피니언, 현금은 팩트'라는 말이 있다. 워런 버핏은 애널리스트들과 대화를 하지 않는다고 한다. 그들은 이익에만 관심이 있다며

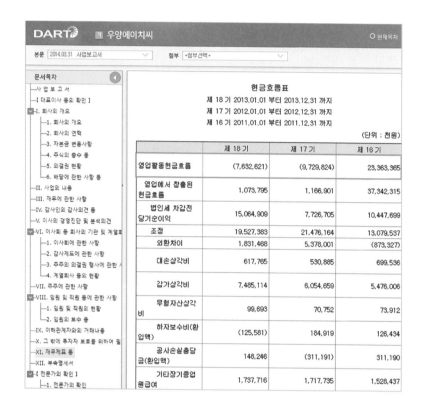

대신 관심 있는 기업의 주거래 은행 담당자와 대화한다. 해당 기업의 현금흐름을 제대로 알기 위해서다. 현금은 속일 수 없는 팩트이기 때문이다.

영업이익과 영업활동 현금흐름에 괴리가 없어야 이익의 질이 높다고 할 수 있다. 괴리가 크면 이익의 질이 낮다는 뜻이다. 이익의 질이 낮으면 회계부정이 있을 가능성이 크다. 무슨 문제로 괴리가 생기는지 반드시 알아내야 한다.

분식회계	•	주식시장에서 퇴출당하는 것(자진 상장폐지 제외)
역분식회계	•	이익을 깎아내는 장부 조작
관리종목	•	상장사에 중대한 문제가 발생해 주식시장에서 거래가 정지되는 종목
상장폐지	•	자산 또는 이익을 부풀리는 장부 조작

회계 회화

서대리: 아~ 미치겠네.

윤대리: 왜 그래?

서대리: 내가 투자한 회사가 거래정지 당했어.

윤대리: 헐, 어떡해. 상장폐지 할지 심사하겠네. 무슨 문제 때문에 그런 거야?

서대리: 분식회계 때문에. 미치겠다. 뭘 믿고 조작질을 한 거야. 상장폐지 되면 어쩌지?

윤대리: 재무제표 좀 보고 투자하지.

서대리: 아, 몰라. 그나마 소액이라서 다행이야. 어휴~ 배고프다. 분식이나 먹으러 가자.

액션 플랜

★ ★ ★ ★ ★

한국거래소, KIND, 네이버 금융에서 관리종목, 상장폐지 기업을 조회해보자.

예비 투자자를 위한
주식투자 시작 가이드

주식투자에 처음 도전하려면 이런 순서로 시작해보자.

❶ 기업 선별: 잘 아는 기업 또는 증권사 리서치센터의 기업분석 리포트 참고
❷ 기업의 재무제표 분석
❸ 기업의 PER과 PBR 확인, 적정가치 확인

주식투자를 시작하고 싶은데 막상 어떤 기업에 투자해야 할지 막막할 것이다. 가장 좋은 접근 방법은 내가 가장 관심 있는 기업, 좋아하는 기업, 잘 아는 기업에 투자하는 것이다. 이런 기업을 몇 곳을 선별한 뒤 해당 기업의 재무제표를 분석하고, 적정가치를 확인하면 된다. 기업을 좀 더 깊숙이 들여다보고 싶다면 증권사 리서치센터의 기업분석 리포트를 참고하자. 각 증권사의 애널리스트들이 기업의 실적과 기업이 속한 산업에 대해 분석한 보고서다. 로그인을 하지 않아도 볼 수 있는 증권사가 있으니 활용해보자. 반면 유료 계좌가 없으면 아예 볼 수 없는 증권사도 있다. '한경컨센서스'(http://con-sensus.hankyung.com)라는 사이트는 그날 나온 뜨끈뜨끈한 리서치 보고서를 한눈에 보기 좋게 공짜로 업데이트한다. 다만 모든 리포트가 업데이트되는 건 아니니 참고하자. 나는 모든 증권사의 리서치센터 사이트를 즐겨찾기 해놨다. 아침저녁마다 새로운 보고서를 읽고 기업을 발굴하거나 시장에 대응

할 준비를 한다. 보고서에 따라 주가가 급등 또는 급락할 수 있기 때문이다. 그렇다고 리서치 보고서를 맹신하진 않는다. 기업 보고서를 잘 보면 대부분 매수다. 실적이 기대보다 적게 나와 목표치를 하향하지만 그래도 매수 의견을 낸다. '주식 당장 파세요!' 하는 매도 의견을 내는 건 100개 중 1~2개 나올까 말까다. 애널리스트는 왜 이 기업을 좋게 보는지 그 이유에 대해 경청하는 게 중요하다. 다음과 같은 상황이라면 관심을 가져보자!

❶ 다수의 증권사에서 한 기업에 대해 좋은 분석 보고서를 낼 때
❷ 증권사에서 특정 기업을 커버리지 개시할 때(처음으로 기업분석 보고서를 낼 때)
❸ 각 업종별, 산업별 베스트 애널리스트들이 추천할 때

업황이 기대되고 실적이 좋아지는 기업이 있다면 재무제표로 재무비율을 분석하고, 현금흐름표로 이익의 질을 평가한다. 그리고 PER과 PBR로 시장가격을 기업의 수익, 자산가치와 비교한다. 기업의 적정가치를 제대로 계산하고 싶다면 사경인 회계사의 《재무제표를 모르면 주식투자 절대 하지 마라》를 읽어보길 권한다. 책에서 설명하는 'S-Rim 방식'으로 적정가치를 계산해보자.

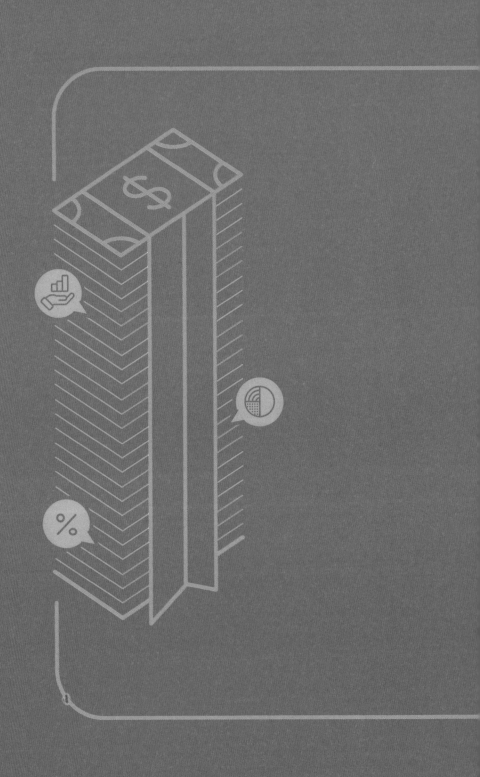

실전! 재무3표
스피드 독해법

재무3표가 술술, 당신도 이제 회계티브

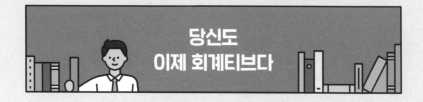

당신도
이제 회계티브다

여기까지 온 그대에게 찬사를 보낸다. 자, 이제 당신은 회계어를 마스터했다. 지금 이 순간 당신도 회계 네이티브 줄여서 '회계티브'다.

영어를 배우던 때를 기억해보자. 외국인이 말을 걸면 줄행랑치거나 '동작 그만!' 얼음 상태가 되진 않았나?

영어는 그럴 수 있다. 하지만 회계는 그럴 필요가 없다. 이제 당신은 웬만한 회계 용어는 알아들을 수 있고 재무제표를 읽으며 떠들 수 있다. 이제 관심 있는 기업의 재무제표를 출력한 뒤 책상에 깔아놓자. 그리고 큰 소리로 읽어보자.

"ROE가 문제구만. 아~ 이래서 주가가 하락하는 거였어. 아쉬워." "이 회사는 유동비율이 증가하고, 부채비율은 떨어지고 있어. 아주 좋아!"

그러면 옆에 있는 팀장님이나 동료들이 기웃거리며 궁금해할 것이다. 마치 인기척을 느낀 것처럼 그들을 쳐다보며 쿨하게 말하자.

"아, 죄송합니다. 기업 재무제표 분석 좀 하고 있었습니다."

자 그럼, 지금까지 배운 회계어를 총동원해 재무제표 스피치에 도전해보자. 계산 단위는 편의상 조 단위로 통일한다.

연 결 재 무 상 태 표

제 52 기 : 2020년 12월 31일 현재

제 51 기 : 2019년 12월 31일 현재

삼성전자주식회사와 그 종속기업 (단위 : 백만 원)

과 목	주 석	제 52 (당) 기		제 51 (전) 기	
자 산					
I. 유 동 자 산			198,215,579		181,385,260
1. 현금및현금성자산	4, 28	29,382,578		26,885,999	
2. 단기금융상품	4, 28	92,441,703		76,252,052	
3. 단기상각후원가금융자산	4, 28	2,757,111		3,914,216	
4. 단기당기손익-공정가치금융자산	4, 6, 28	71,451		1,727,436	
5. 매출채권	4, 5, 7, 28	30,965,058		35,131,343	
6. 미수금	4, 7, 28	3,604,539		4,179,120	
7. 선급비용		2,266,100		2,406,220	
8. 재고자산	8	32,043,145		26,766,464	
9. 기타유동자산	4, 28	3,754,462		4,122,410	
10. 매각예정분류자산	32	929,432		–	
II. 비 유 동 자 산			180,020,139		171,179,237
1. 기타포괄손익-공정가치금융자산	4, 6, 28	12,575,216		8,920,712	
2. 당기손익-공정가치금융자산	4, 6, 28	1,202,969		1,049,004	
3. 관계기업 및 공동기업 투자	9	8,076,779		7,591,612	
4. 유형자산	10	128,952,892		119,825,474	
5. 무형자산	11	18,468,502		20,703,504	
6. 순확정급여자산	14	1,355,502		589,832	
7. 이연법인세자산	25	4,275,000		4,505,049	
8. 기타비유동자산	4, 7, 28	5,113,279		7,994,050	
자 산 총 계			378,235,718		352,564,497
부 채					
I. 유 동 부 채			75,604,351		63,782,764
1. 매입채무	4, 28	9,739,222		8,718,222	
2. 단기차입금	4, 5, 12, 28	16,553,429		14,393,468	
3. 미지급금	4, 28	11,899,022		12,002,513	
4. 선수금	17	1,145,423		1,072,062	
5. 예수금	4, 28	974,521		897,355	
6. 미지급비용	4, 17, 28	24,330,339		19,359,624	
7. 당기법인세부채		4,430,272		1,387,773	
8. 유동성장기부채	4, 12, 13, 28	716,099		846,090	
9. 충당부채	15	4,349,563		4,068,627	
10. 기타유동부채	4, 17, 28	1,127,719		1,037,030	
11. 매각예정분류부채	32	338,742		–	
II. 비 유 동 부 채			26,683,351		25,901,312
1. 사채	4, 13, 28	948,137		975,298	
2. 장기차입금	4, 12, 28	1,999,716		2,197,181	

항목	주석				
3. 장기미지급금	4, 28	1,682,910		2,184,249	
4. 순확정급여부채	14	464,458		470,780	
5. 이연법인세부채	25	18,810,845		17,053,808	
6. 장기충당부채	15	1,051,428		611,100	
7. 기타비유동부채	4, 17, 28	1,725,857		2,408,896	
부 채 총 계			102,287,702		89,684,076
자 본					
지배기업 소유주지분			267,670,331		254,915,472
Ⅰ. 자본금	18		897,514		897,514
1. 우선주자본금		119,467		119,467	
2. 보통주자본금		778,047		778,047	
Ⅱ. 주식발행초과금			4,403,893		4,403,893
Ⅲ. 이익잉여금	19		271,068,211		254,582,894
Ⅳ. 기타자본항목	20		(8,687,155)		(4,968,829)
Ⅴ. 매각예정분류기타자본항목	32		(12,132)		–
비지배지분	31		8,277,685		7,964,949
자 본 총 계			275,948,016		262,880,421
부 채 와 자 본 총 계			378,235,718		352,564,497

2020년 12월 31일 기준, 삼성전자의 자산은 378조 원, 부채는 102조 원, 자본은 276조 원이다. 자산 378조 원 중 유동자산은 198조 원, 비유동자산은 180조 원이다. 부채 102조 원 중 유동부채는 76조 원, 비유동부채는 26조 원이다.

먼저 기업의 안정성을 평가하는 유동비율과 당좌비율, 부채비율 그리고 이자보상배율을 살펴보자. 유동자산은 198조 원, 유동부채는 76조 원으로 유동비율은 260.53%다. 유동자산 198조 원에서 재고자산 32조 원을 제외한 당좌자산은 166조 원으로 당좌비율은 218.42%다. 1년 이내에 갚아야 할 빚, 유동부채 76조 원은 감당하고도 남을 단기유동성을 가지고 있다.

유동자산 198조 원 중에서 현금 및 현금성 자산이 29조 원, 단기금융상품이 92조 원으로 당장 현금으로 만들 수 있는 자산만 121조 원이다.

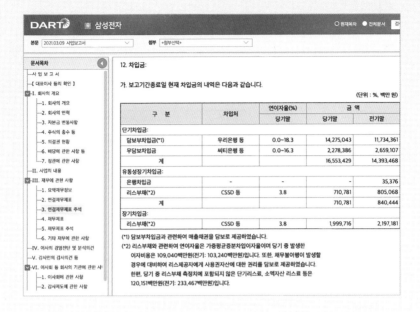

부채비율은 36.95%로 부채보다 자본이 약 3배 더 크므로 재무구조가 안정적이다.

부채 중 총차입금은 19조 원이고, 이 중에 14조 원은 담보부차입금으로 은행에 매출채권을 담보로 돈을 빌리는 차입거래다. 삼성전자의 매출 대부분이 해외에서 발생하므로 해외 매출채권에 대한 환율변동 위험을 피하기 위해 차입거래를 한 것으로 보인다.

유동부채 76조 원 중에서 단기차입금과 유동성장기차입금을 더한 17조 원을 빼면 59조 원이다. 59조 원은 대부분 매입채무와 미지급금, 미지급비용 등으로 이자를 내지 않고 1년 이내에 지급하면 되는 부채다.

삼성전자의 영업이익은 36조 원, 이자비용은 5,830억 원으로 이자보상배율은 61.74다. 이자비용의 약 62배를 벌어들이고 있으므로 이자

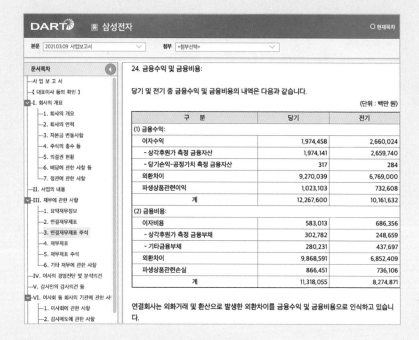

본문 2021.03.09 사업보고서 ∨   첨부 +첨부선택+ ∨

문서목차
─ 사 업 보 고 서
─【 대표이사 등의 확인 】
▼─I. 회사의 개요
   ─1. 회사의 개요
   ─2. 회사의 연혁
   ─3. 자본금 변동사항
   ─4. 주식의 총수 등
   ─5. 의결권 현황
   ─6. 배당에 관한 사항 등
   ─7. 정관에 관한 사항
─II. 사업의 내용
▼─III. 재무에 관한 사항
   ─1. 요약재무정보
   ─2. 연결재무제표
   ─3. 연결재무제표 주석
   ─4. 재무제표
   ─5. 재무제표 주석
   ─6. 기타 재무에 관한 사항
─IV. 이사의 경영진단 및 분석의견
─V. 감사인의 감사의견 등
▼─VI. 이사회 등 회사의 기관에 관한 사
   ─1. 이사회에 관한 사항
   ─2. 감사제도에 관한 사항

24. 금융수익 및 금융비용:

당기 및 전기 중 금융수익 및 금융비용의 내역은 다음과 같습니다.

(단위 : 백만 원)

구 분	당기	전기
(1) 금융수익:		
이자수익	1,974,458	2,660,024
- 상각후원가 측정 금융자산	1,974,141	2,659,740
- 당기손익-공정가치 측정 금융자산	317	284
외환차이	9,270,039	6,769,000
파생상품관련이익	1,023,103	732,608
계	12,267,600	10,161,632
(2) 금융비용:		
이자비용	583,013	686,356
- 상각후원가 측정 금융부채	302,782	248,659
- 기타금융부채	280,231	437,697
외환차이	9,868,591	6,852,409
파생상품관련손실	866,451	736,106
계	11,318,055	8,274,871

연결회사는 외화거래 및 환산으로 발생한 외환차이를 금융수익 및 금융비용으로 인식하고 있습니다.

비용 지급능력은 매우 뛰어나다고 볼 수 있다. 게다가 이자수익으로만 2조 원으로 이자비용의 세 배 이상으로 이자수익으로 벌고 있다.

기업의 활동성을 평가하는 총자산회전율과 매출채권회전율, 재고자산회전율 그리고 매입채무회전율을 살펴보자.

삼성전자는 평균자산 366조 원(20년 378조 원, 19년 353조 원)으로 매출액 237조 원을 벌었다. 총자산회전율 0.65로 2016년 0.80부터 계속 떨어지고 있다. 이는 매년 수십조 원의 설비투자를 하고 있기 때문이다.

매출액은 237조 원, 평균매출채권은 33조 원(20년 31조 원, 19년 35조 원)으로, 매출채권회전율은 7.18, 매출채권회전일수는 51일이다. 한 달 하고 20일이면 매출채권을 현금으로 회수할 수 있다.

연 결 손 익 계 산 서

제 52 기 : 2020년 1월 1일부터 2020년 12월 31일까지
제 51 기 : 2019년 1월 1일부터 2019년 12월 31일까지

삼성전자주식회사와 그 종속기업 (단위 : 백만 원)

과 목	주 석	제 52 (당) 기		제 51 (전) 기	
I. 매 출 액	29		236,806,988		230,400,881
II. 매 출 원 가	21		144,488,296		147,239,549
III. 매 출 총 이 익			92,318,692		83,161,332
판매비와관리비	21, 22	56,324,816		55,392,823	
IV. 영 업 이 익	29		35,993,876		27,768,509
기 타 수 익	23		1,384,068		1,778,666
기 타 비 용	23		2,488,902		1,414,707
지 분 법 이 익	9		506,530		412,960
금 융 수 익	24		12,267,600		10,161,632
금 융 비 용	24		11,318,055		8,274,871
V. 법인세비용차감전순이익			36,345,117		30,432,189
법 인 세 비 용	25		9,937,285		8,693,324
VI. 당 기 순 이 익			26,407,832		21,738,865
지배기업 소유주지분			26,090,846		21,505,054
비지배지분			316,986		233,811
VII. 주 당 이 익	26				
기본주당이익(단위 : 원)			3,841		3,166
희석주당이익(단위 : 원)			3,841		3,166

연 결 포 괄 손 익 계 산 서

제 52 기 : 2020년 1월 1일부터 2020년 12월 31일까지
제 51 기 : 2019년 1월 1일부터 2019년 12월 31일까지

삼성전자주식회사와 그 종속기업 (단위 : 백만 원)

과 목	주 석	제 52 (당) 기		제 51 (전) 기	
I. 연결당기순이익			26,407,832		21,738,865
II. 연결기타포괄손익			(3,673,905)		3,016,194
후속적으로 당기손익으로 재분류되지 않는 포괄손익			1,788,764		(50,765)
1. 기타포괄손익-공정가치금융자산평가손익	6, 20	2,502,733		1,146,599	
2. 관계기업 및 공동기업의 기타포괄손익에 대한 지분	9, 20	5,591		(16,896)	
3. 순확정급여부채(자산) 재측정요소	14, 20	(719,560)		(1,180,468)	
후속적으로 당기손익으로 재분류되는 포괄손익			(5,462,669)		3,066,959
1. 관계기업 및 공동기업의 기타포괄손익에 대한 지분	9, 20	(48,888)		48,649	
2. 해외사업장환산외환차이	20	(5,380,375)		3,016,499	
3. 현금흐름위험회피파생상품평가손익	20	(33,406)		1,811	
III. 총포괄손익			22,733,927		24,755,059
지배기업 소유주지분			22,374,398		24,466,985
비지배지분			359,529		288,074

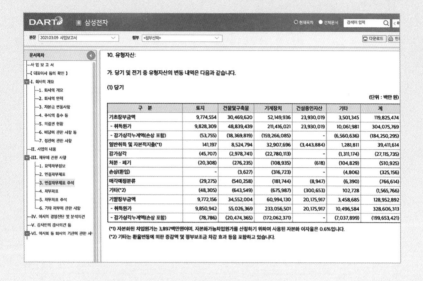

가. 당기 및 전기 중 유형자산의 변동 내역은 다음과 같습니다.

(1) 당기

(단위 : 백만 원)

구 분	토지	건물및구축물	기계장치	건설중인자산	기타	계
기초장부금액	9,774,554	30,469,620	52,149,936	23,930,019	3,501,345	119,825,474
- 취득원가	9,828,309	48,839,439	211,416,021	23,930,019	10,061,981	304,075,769
- 감가상각누계액(손상 포함)	(53,755)	(18,369,819)	(159,266,085)	-	(6,560,636)	(184,250,295)
일반취득 및 자본적지출(*1)	141,197	8,524,794	32,907,696	(3,443,884)	1,281,811	39,411,614
감가상각	(45,707)	(2,978,741)	(22,780,113)	-	(1,311,174)	(27,115,735)
처분·폐기	(20,308)	(276,235)	(108,935)	(618)	(104,829)	(510,925)
손상(환입)	-	(3,627)	(316,723)	-	(4,806)	(325,156)
매각예정분류	(29,275)	(540,258)	(181,744)	(8,947)	(6,390)	(766,614)
기타(*2)	(48,305)	(643,549)	(675,987)	(300,653)	102,728	(1,565,766)
기말장부금액	9,772,156	34,552,004	60,994,130	20,175,917	3,458,685	128,952,892
- 취득원가	9,850,942	55,026,369	233,056,501	20,175,917	10,496,584	328,606,313
- 감가상각누계액(손상 포함)	(78,786)	(20,474,365)	(172,062,371)	-	(7,037,899)	(199,653,421)

(*1) 자본화된 차입원가는 3,897백만원이며, 자본화가능차입원가를 산정하기 위하여 사용된 자본화 이자율은 0.6%입니다.
(*2) 기타는 환율변동에 의한 증감액 및 정부보조금 차감 효과 등을 포함하고 있습니다.

매출원가는 145조 원, 평균재고자산은 30조 원(20년 32조 원, 19년 27조 원)으로, 재고자산회전율은 4.83, 재고자산회전일수는 76일이다. 재고자산은 두 달 하고 2주일이 지나야 다 팔 수 있다. 삼성전자에서 판매하는 가전, 스마트폰, 반도체는 시간이 조금만 지나도 제품가격이 하락하므로 재고를 효율적으로 관리해야 한다.

매출원가는 145조 원, 평균매입채무는 10조 원(20년 10조 원, 19년 9조 원)으로, 매입채무회전율은 14.5, 매입채무회전일수는 25일이다.

삼성전자의 현금순환주기는 재고자산회전일수 76일＋매출채권회전일수 51일－매입채무회전일수 25일＝102일이다. 재고를 다 팔고 매출채권을 현금으로 다 회수하고 협력업체에 줄 돈을 다 줘서 현금이 도는데 102일 걸린다.

다음으로 삼성전자의 성장성을 평가하는 총자산증가율, 유형자산증

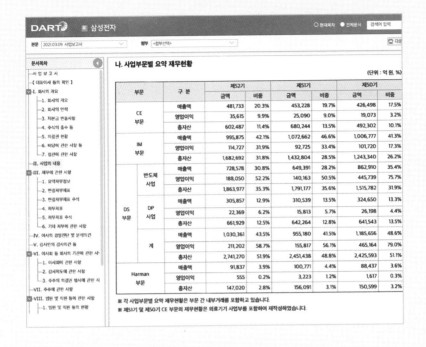

나. 사업부문별 요약 재무현황

(단위 : 억 원, %)

부문	구분	제52기 금액	비중	제51기 금액	비중	제50기 금액	비중
CE 부문	매출액	481,733	20.3%	453,228	19.7%	426,498	17.5%
	영업이익	35,615	9.9%	25,090	9.0%	19,073	3.2%
	총자산	602,487	11.4%	680,244	13.5%	492,302	10.1%
IM 부문	매출액	995,875	42.1%	1,072,662	46.6%	1,006,777	41.3%
	영업이익	114,727	31.9%	92,725	33.4%	101,720	17.3%
	총자산	1,682,692	31.8%	1,432,804	28.5%	1,243,340	26.2%
DS 부문 / 반도체 사업	매출액	728,578	30.8%	649,391	28.2%	862,910	35.4%
	영업이익	188,050	52.2%	140,163	50.5%	445,739	75.7%
	총자산	1,863,977	35.3%	1,791,177	35.6%	1,515,782	31.9%
DP 사업	매출액	305,857	12.9%	310,539	13.5%	324,650	13.3%
	영업이익	22,369	6.2%	15,813	5.7%	26,198	4.4%
	총자산	661,929	12.5%	642,264	12.8%	641,543	13.5%
계	매출액	1,030,361	43.5%	955,180	41.5%	1,185,656	48.6%
	영업이익	211,202	58.7%	155,817	56.1%	465,164	79.0%
	총자산	2,741,270	51.9%	2,451,438	48.8%	2,425,593	51.1%
Harman 부문	매출액	91,837	3.9%	100,771	4.4%	88,437	3.6%
	영업이익	555	0.2%	3,223	1.2%	1,617	0.3%
	총자산	147,020	2.8%	156,091	3.1%	150,599	3.2%

※ 각 사업부문별 요약 재무현황은 부문 간 내부거래를 포함하고 있습니다.
※ 제51기 및 제50기 CE 부문의 재무현황은 의료기기 사업부를 포함하여 재작성하였습니다.

가율, 매출액증가율, 영업이익증가율을 살펴보자. 삼성전자의 총자산 증가율은 7.08%, 유형자산증가율은 7.5%다. 자산 378조 원 중 유형자산은 129조 원으로 34%를 차지하고 있다.

유형자산 129조 원 중 기말장부금액 기준으로 기계 장치가 61조 원이다. 유형자산 중 47%, 거의 절반에 가까운 비중을 차지하고 있다. 2020년에도 기계 장치 취득에 33조 원을 투자했다.

삼성전자의 매출액증가율은 3.04%로 19년 230조 원 대비 7조 원 증가한 237조 원이다. 삼성전자의 영업이익증가율은 28.57%로 19년 28조 원 대비 8조 원 증가한 36조 원이다.

삼성전자의 [사업보고서]-[사업의 내용]을 보면 사업부문별 요약 재

구분	금액 (조 원)	수익성
매출액	237	100.00%
매출총이익	92	38.82%
영업이익	36	15.19%
당기순이익	26	10.97%
평균총자산 / ROA	366	7.10%
평균자본(지배) / ROE	262	9.92%

무현황이 나온다. 삼성전자는 가전 CE, 스마트폰 IM, 반도체 디스플레이 DS, Harman 부문에서 매출이 발생한다. TV와 생활가전 프리미엄 제품 판매 증가, 반도체 판매 증가로 전체 매출액이 증가했음을 알 수 있다. 삼성전자의 매출액에서 스마트폰 IM 부문이 42.1%로 가장 크고, DS 부문 반도체가 30.8%로 두 번째로 크다. 두 부문의 매출이 어떻게 변화하느냐에 따라 삼성전자의 전체 매출액이 변화함을 알 수 있다.

삼성전자의 수익성을 평가하는 매출총이익률, 영업이익률, 순이익률, ROA, ROE를 살펴보자. 삼성전자의 매출총이익률은 38.82%, 영업이익률은 15.19%, 당기순이익률은 10.97%, ROA 7.10%, ROE 9.92%다. 삼성전자는 매출액 237조 원을 벌기 위해 영업비용으로 201조 원을 썼고 영업이익으로 36조 원이 남았다. 201조 원 중 매출원가가 145조 원, 판매비와 관리비가 56조 원으로 매출원가가 판매비와 관리비보다 2.6배 많다. 판매비와 관리비에서 가장 많이 쓴 돈은 연구개발비다. 연구개발로 21조 원을 썼다. 판매비와 관리비 56조 원 중 37.5% 비중이다. 또한 삼성전자의 매출액 237조 원 중 8.86%고, 영업

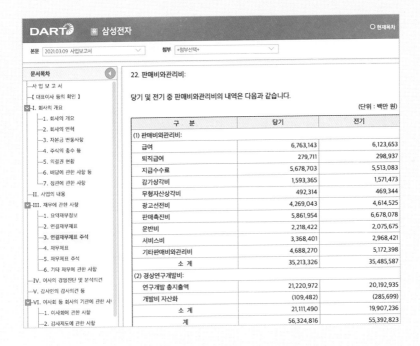

문서목차

—사 업 보 고 서
—【 대표이사 등의 확인 】
■-I. 회사의 개요
　—1. 회사의 개요
　—2. 회사의 연혁
　—3. 자본금 변동사항
　—4. 주식의 총수 등
　—5. 의결권 현황
　—6. 배당에 관한 사항 등
　—7. 정관에 관한 사항
—II. 사업의 내용
■-III. 재무에 관한 사항
　—1. 요약재무정보
　—2. 연결재무제표
　—3. 연결재무제표 주석
　—4. 재무제표
　—5. 재무제표 주석
　—6. 기타 재무에 관한 사항
—IV. 이사의 경영진단 및 분석의견
—V. 감사인의 감사의견 등
■-VI. 이사회 등 회사의 기관에 관한 사
　—1. 이사회에 관한 사항
　—2. 감사제도에 관한 사항

22. 판매비와관리비:

당기 및 전기 중 판매비와관리비의 내역은 다음과 같습니다.

(단위 : 백만 원)

구 분	당기	전기
(1) 판매비와관리비:		
급여	6,763,143	6,123,653
퇴직급여	279,711	298,937
지급수수료	5,678,703	5,513,083
감가상각비	1,593,365	1,571,473
무형자산상각비	492,314	469,344
광고선전비	4,269,043	4,614,525
판매촉진비	5,861,954	6,678,078
운반비	2,218,422	2,075,675
서비스비	3,368,401	2,968,421
기타판매비와관리비	4,688,270	5,172,398
소 계	35,213,326	35,485,587
(2) 경상연구개발비:		
연구개발 총지출액	21,220,972	20,192,935
개발비 자산화	(109,482)	(285,699)
소 계	21,111,490	19,907,236
계	56,324,816	55,392,823

이익 36조 원 중 58.33%다. 2019년에도 연구개발에 20조 원을 썼다. 삼성전자가 연구개발에 얼마나 힘을 쏟는지 짐작할 수 있다.

　삼성전자는 영업활동으로 65조 원이 영업통장에 꽂힌다. 영업으로 번 65조 원으로 투자활동에 54조 원을 썼다. 투자활동 54조 원 중 40조는 유·무형자산 취득에 썼고 나머지 14조 원은 금융상품, 금융자산, 기업지분에 투자했다. 설비투자 CAPEX는 40조 원으로 삼성전자의 잉여현금을 계산하면 25조 원이다. 재무활동으로 8조 원을 썼는데, 그중 10조 원을 배당금 지급에 썼다. 2020년에 현금순증감이 2.5조 원으로 2020년 1월 1일 기준 현금 및 현금성 자산 잔액 26.9조 원에 순증감 2.5조 원을 더해 2020년 12월 31일 기준 현금 및 현금성 자산은 29.4조 원이다.

연 결 현 금 흐 름 표

제 52 기 : 2020년 1월 1일부터 2020년 12월 31일까지
제 51 기 : 2019년 1월 1일부터 2019년 12월 31일까지

삼성전자주식회사와 그 종속기업 (단위 : 백만 원)

과 목	주석	제 52 (당) 기		제 51 (전) 기	
Ⅰ. 영업활동 현금흐름			65,287,009		45,382,915
1. 영업에서 창출된 현금흐름		68,148,810		56,635,791	
가. 당기순이익		26,407,832		21,738,865	
나. 조정	27	41,618,554		37,442,682	
다. 영업활동으로 인한 자산부채의 변동	27	122,424		(2,545,756)	
2. 이자의 수취		2,220,209		2,306,401	
3. 이자의 지급		(555,321)		(579,979)	
4. 배당금 수입		243,666		241,801	
5. 법인세 납부액		(4,770,355)		(13,221,099)	
Ⅱ. 투자활동 현금흐름			(53,628,591)		(39,948,171)
1. 단기금융상품의 순감소(증가)		(20,369,616)		(2,030,913)	
2. 단기상각후원가금융자산의 순감소(증가)		184,104		(818,089)	
3. 단기당기손익-공정가치금융자산의 순감소(증가)		1,704,512		374,982	
4. 장기금융상품의 처분		12,184,301		4,586,610	
5. 장기금융상품의 취득		(8,019,263)		(12,725,465)	
6. 상각후원가금융자산의 처분		1,023,117		694,584	
7. 상각후원가금융자산의 취득		–		(825,027)	
8. 기타포괄손익-공정가치금융자산의 처분		32,128		1,575	
9. 기타포괄손익-공정가치금융자산의 취득		(245,497)		(63,773)	
10. 당기손익-공정가치금융자산의 처분		39,746		64,321	
11. 당기손익-공정가치금융자산의 취득		(84,184)		(135,826)	
12. 관계기업 및 공동기업 투자의 처분		–		12,149	
13. 관계기업 및 공동기업 투자의 취득		(83,280)		(12,778)	
14. 유형자산의 처분		376,744		513,265	
15. 유형자산의 취득		(37,592,034)		(25,367,756)	
16. 무형자산의 처분		7,027		7,241	
17. 무형자산의 취득		(2,679,779)		(3,249,914)	
18. 사업결합으로 인한 현금유출액		(49,420)		(1,019,405)	
19. 기타투자활동으로 인한 현금유출입액		(57,197)		46,048	
Ⅲ. 재무활동 현금흐름			(8,327,839)		(9,484,510)
1. 단기차입금의 순증가(감소)	27	2,191,186		865,792	
2. 장기차입금의 차입	27	14,495		–	
3. 사채 및 장기차입금의 상환	27	(864,947)		(709,400)	
4. 배당금의 지급		(9,676,760)		(9,639,202)	
5. 비지배지분의 증감		8,187		(1,700)	
Ⅳ. 매각예정분류	32		(139)		–
Ⅴ. 외화환산으로 인한 현금의 변동			(833,861)		595,260
Ⅵ. 현금및현금성자산의 증가(감소)(Ⅰ+Ⅱ+Ⅲ+Ⅳ+Ⅴ)			2,496,579		(3,454,506)
Ⅶ. 기초의 현금및현금성자산			26,885,999		30,340,505
Ⅷ. 기말의 현금및현금성자산			29,382,578		26,885,999